U0666573

读客经管文库

长期投资自己，就看读客经管。

如何培养领袖气质

领导力21法则

从领导到领袖，让你拥有他人乐于追随的人格魅力

The 21 Indispensable Qualities of a Leader: Becoming the Person Others Will Want to Follow

全球第一领导力大师（John C. Maxwell）

[美] 约翰·C.马克斯维尔 著

施轶 译

文汇出版社

目　录

致谢

我要向托马斯·纳尔逊出版公司对本书付出辛勤工作的全体员工致以谢意，他们出色地完成了任务。

我要感谢音久公司的员工，包括：我的行政助理琳达·艾格思，我的研究助理布伦特·科尔，我的校对人员斯蒂芬妮·韦策尔。他们的帮助让此书更加精彩。

最后，我要感谢此书的共同作者查理·韦策尔，因为他的工作，我不仅省下了时间，而且扩大了影响力。

前言

是什么原因让人们下定决心跟随一位领袖？为什么人们对一位领袖心怀鄙视、抗拒服从？为什么人们却会对另一位领袖死心塌地地跟随到底？在现实的世界里，是什么因素导致领导理论家和成功的领导者之间出现那种天壤之别的呢？答案就在于当事人的品格和气质。

亲爱的朋友，你是否具备一个杰出领导者的条件呢？换句话说，就是那种既能够吸纳人才，又能够把事情办好的个人气质。如果仔细而深入地探究自己的内在品质，你能在自己身上找到那些帮助你实现内心狂野梦想所需要的品质吗？如果我们真想发挥自己的潜力，那么，这就是我们必须要勇敢而诚实地回答的问题。

这本书的目的正是要帮助你发掘、发挥，并淬炼你的个人气质，使你成为一位卓有成效的领导者，让人们自然而然地想跟随你。如果你已经读过《领导力21法则》，那么，你就一定知道领袖的成长是需要时间的。在该书的"过程法则"中我提到领导能力的培养是日积月累的，而非一蹴而就的。培养领导能力的步骤之一是熟悉领导的原理，因为那是使领导能力发挥功效的重要工具。然而，熟悉原理是一回事，实际操作又是另外一回事。

最近我和一位名叫比尔·弗里曼的朋友谈话，他是全美国最大的货运公司瓦特金斯联合实业有限公司的总裁。比尔是一位杰出的经理人，就像所有的好领导一样。他经常找机会学习，以使自己不断地成长。

"你的书我正读到一半。"比尔指的是《领导力21法则》一书，"它使我的观念改变了许多。"

接着，比尔所说的话让我印象深刻。他说："让我告诉你我是怎么读你的书吧。每天早晨我只读一章，然后那一天我就思考那一章所讲的原理。工作的时候，我就反省自己是否做到了它所传达的重点；我观察公司的每一个人，看他们是否也用这个原理待人。我采用这些原理来衡量、观察、考核，甚至反省整个公司的运作。每天用一条不同的原理，几天下来，连我自己都觉得眼界大开！"

比尔的话使我文思如泉涌。事实上，正是因为他的这番话，才促使我下笔写成这本书。他很有才智，深深懂得由内而外慢慢地培养自己的领导能力。领导者能够发挥效能，那是因为他们充分挖掘出了自己内在的品质。所以，要想达到最高层次的领导境界，就必须懂得由内而外培养出这些品质来。

和比尔谈完话之后，我花了一段时间，思索那些我最敬佩的领袖，也是人们打从心底想要跟随的领袖类型。我分析他们有哪些品质，想找出他们的共同之处。同时我也征询其他领袖们的想法，并再度检验那些历史上知名的领导者，最后，我归纳出伟大的领袖共同具有的21项气质。这些气质将逐一在本书各章中呈现，本书与

《领导力21法则》互为补充，希望读者能将这两本书搭配阅读，以达到更深的体会。

当你开始阅读本书时，你会发现你可以一口气看完好几章，甚至是整本书。但是千万别这么做。这本书是按照比尔·弗里曼所说的那种方式设计的：需要有策略、有方法地去吸收阅读。

我鼓励你和这本书一起生活一段时间。读一章，然后停一段时间。每一章的内容需要你思考、复习，并且用它来重新塑造自身的品质。如果你正在学习的品质是你生活中的弱点，那么在读下一章之前，你需要花点时间来消化。你甚至可以在一年之内将这些内容反复读上几遍，让每一项品质融入你的个人品格。

凡事之兴衰成败皆系于领导力，而领导力的培养的确是从内而外的。如果你能培养出领导者所需的气质，那么你就可以表现出你所希望的那种领导风范，人们自然也就愿意追随于你。当这一切开始实现时，世上也就没有难以办成的事情了。

约翰·C.马克斯维尔

第一章

品格是优秀领导力的基石
Character

领导力就是能召集人们为了同一个目标努力的能力和意志力，并能激发人们自信的品质和品格。

——伯纳德·蒙哥马利，英国陆军元帅

绝不能为了争取一时的和平与安稳，就否定你自己的经验或信念。

——达戈·哈马舍尔德，政治家、诺贝尔和平奖得主

不惜一切保证信用

如果你曾经在小机场坐过飞机，或是搭乘过私人飞机，那么你可能就会看见过甚至搭乘过里尔喷气式飞机。我曾搭乘过几次里尔喷气式飞机，给我留下了深刻的印象。这种飞机机体小巧，只能搭载五六个乘客，但飞得很快。进入机舱的时候好像爬进一个装了喷气引擎的管子一样。

我得承认，搭乘里尔喷气式飞机的经历真是令人愉快。更令人惊叹的是搭乘它所带来的最大好处，是我省下了许多时间。我估计我乘坐飞机飞过数百万英里，而我也习惯于在驱车前往机场、坐出租车、交通堵塞与航班晚点这些事情上浪费许多时间。这一切就像噩梦一般。但乘坐里尔喷气式飞机可以轻松省下一半的时间。

这个令人称赞的飞机的发明者是比尔·里尔（Bill Lear）。他是一个发明家、飞行员，也是一位商业领袖，拥有150多项专利，包括自动导航器、汽车音响以及八轨录音带，等等。里尔的思想具有超前意识，早在20世纪50年代他就看到了制造小型私人喷气式飞机的市场潜力。他花了几年的时间潜心研究，终于让梦想变成了现实。1963年他发明的喷气式飞机完成了首航，1964年他把第一批生产的喷气式飞机交给了客户。

里尔迅速获得了成功，而他也卖出了许多飞机。但是就在他事业有了起色没多久，他得知他卖出的两架飞机离奇坠毁了。里尔几近崩溃。当时，他已经卖出了55架飞机。里尔立刻通知所有客户停飞，直到他和他的团队找出飞机失事的原因。让飞机停飞的事情会在媒体中造成不利影响，但是对于里尔来说，客户的生命更为重要。

经过调查研究，里尔发现了一个有可能导致坠机的原因，但是飞机在地面上并不能确认是否出于这个问题。里尔决定亲自试飞，这是唯一能确认问题的办法。

这是一个危险的决定，但是里尔还是做了。当他驾驶飞机的时候，飞机失去控制，他差点像之前两架飞机的飞行员一样丧生。但是他最终还是安全降落，并且确认了问题。里尔发明了新的零部件来解决这个问题，并且为53架里尔喷气式飞机都安装了这个零部件，避免了危险。

通知飞机停飞给里尔带来了不小的经济损失，而且也影响了潜在客户的购买需求。因此他花了两年的时间才重振事业。但是里尔从不后悔他的决定，他甚至愿意搭上他已获得的成就、财富甚至生命去解决造成飞机失事的原因，为的是捍卫他的信誉。这种决定，需要有品格的人才能做到。

如何塑造品格

　　领导者应对人生危机的方式，就能体现出品格中的方方面面。危机不一定能够塑造品格，但可以体现品格。逆境就像是十字路口，人们面对它时必须要作出选择：是坚守品格还是妥协让步。每当人们选择坚守品格，那么即使他的选择给他带来了负面影响，他都会变得更加坚强。正如诺贝尔文学奖得主亚历山大·索尔仁尼琴（Aleksandr Solzhenitsyn）所言："人存在的意义，不仅在于思想的成长、个人的提升，更在于灵魂的升华。"品格的成长不仅仅是领导力发展的核心，也是人类发展的核心。

　　那么关于品格的塑造，我们应该知道些什么呢？

1. 品格不是仅仅挂着嘴上

每个人都可以说他自己是诚实正直，但是在品格这件事上，行胜于言。你的品格决定你的为人，你的为人决定你的想法，你的想法决定你的行动。这就是为什么领导者的品格与行动是无法分割的。如果领导者的行动与想法常常不一致，那么原因往往隐藏在他的品格之中。

2. 才华是天生的，但品格是可以培养的

生命之中有很多事情我们无法控制。我们选择不了我们的父母，选择不了我们的出生地与家庭背景，选择不了我们的天赋与智商。但是，我们可以选择我们的品格和为人。事实上，我们每次作出选择时，比如在面对困境的时候是昂首面对还是畏首畏尾，是扭曲真相还是承担后果，是接受贿赂还是宁可因此受损，我们都在塑造自己的品格。我们每天在作出选择时，其实都是在塑造自己的品格。

3. 品格带来持久的成功的人际关系

真正的领导力往往摆脱不了人际关系。有一句关于领导力的格言是这么说的：如果你认为你在领导别人前行，但是没有人追随左右，那么你可能只是在独自前进而已。追随者往往不信任那些品格上有缺陷的领导者，那么也就不会继续追随这样的领导者了。

4. 领导者无法摆脱品格所带来的限制

你是否见过一些才华横溢的人在获得一些成就的时候突然崩溃瓦解了？这种现象的关键就是品格上出了问题。哈佛大学医学院心理学家、《成功症候群》（*The Success Syndrome*）一书的作者史蒂夫·伯格拉斯（Steven Berglas）说过，那些取得较高成就，但缺少品格积淀的人，在遇到压力的时候就会遭遇灾难性的失败。他认为人至少会遇到以下这四种情况：傲慢、孤独的痛苦、毁灭性的冒险行动或是不正当性关系。每个情况都会带来沉重的代价，而这都是因为品格的缺陷所造成的。

自我反思：远离品格的灰色地带

如果你发现自己正身陷上述四种情况的一种，那么你就需要停下来思考一下了，想办法从成就所带来的压力中抽身，并寻求专业人士的帮助。不要认为你目前所处的低谷会随着时间推动、财富累积或声望提升而好转。品格的裂缝如果不去解决只会越陷越深，而且会随着时间的推移带来越来越严重的后果。

即使你没有遇到以上四种情况，你还是应该审视一下自己品格的状况，问一问自己言行是否一致。当你承诺要完成一项任务的时候，你是否能坚持到底；当你告诉你的孩子你会去看他们的球赛或是演出时，你是否说到做到；如果你和别人握手言和，他们是否能像信任法律合同那样信任你？

当你在家里、工作中，或是社区里领导别人时，你要明白你的品格是你最重要的财富。米德·帕克公司总裁艾伦·伯纳德（Alan Bernard）说过："领导所需要的信任和尊敬是容不下道德疑虑的。一个领导不仅必须在对与错的问题上立场分明，同时也必须远离暧昧不明的灰色地带。"

提升品格的"处方"

要提高品格，就要做到以下几点。

1. 找到品格的裂缝（弱点）

花些时间审视一下你人生中重要的几个方面（工作、婚姻、家庭、人际关系等等），看看你是不是在某些地方走捷径、妥协让步或是让别人失望。以过去两个月为基础，写下每件事件发生时的状况。

2. 找出品格出现问题的原因

仔细审视你刚才写下的行为反应，你是否看得出自己在某一个方面有弱点，或是某一种问题反复出现呢？如果有据可循的话，便可以判断出你品格的弱点所在了。

3. 直面困难

修复品格的第一步，就是要直面品格中的缺陷，真心向他人道歉，并用行动弥补你所造成的后果：列个单子，写上你要道歉的人的名字和原因，以诚实恳切的态度去道歉。

4. 重塑品格

直面过去的所作所为是一回事，重建美好的未来又是一回事。既然你已经看出自己的一些弱点，那么就制定一个计划去改善它，让自己不致重蹈覆辙。

内在品格胜于外在品格

一位父亲带着女儿去参加嘉年华，女儿一到嘉年华就跑到卖棉花糖的地方要买棉花糖。当店员正要把一团棉花糖给小女孩的时候，爸爸问她："宝贝，你吃得下这么多吗？"

"别怕，爸爸，"女儿回答道，"肚子里面的容量可比外面看上去要大多了。"

真正的品格也是如此，内在的往往比外在的更扎实可靠。

第二章

锻炼能影响大局的个人魅力
Charisma

如何拥有个人魅力？就是努力帮助别人肯定自我，而不是努力使别人肯定你。

——丹·雷兰德，音久集团领导力培养部副总裁

没有人能够在批判的气氛下比在肯定的气氛下更甘心卖力、更有绩效，无论是何等高位的人。

——查尔斯·斯瓦伯，企业家

不同的待人方式产生不同的个人魅力

19世纪后半叶，政坛上的两位强人为争夺英国首相之位而彼此较劲，他们就是威廉·格拉德斯通（William Gladstone）和本杰明·迪斯雷利（Benjamin Disraeli）。这两个人势均力敌，互不相让，彼此间的紧张关系可以从迪斯雷利的话里听出来："不幸事件与酿成巨祸的差别何在？如果格拉德斯通失足掉进泰晤士河，这叫作不幸事件；如果有人把他救上岸来，这叫酿成巨祸。"

许多人相信自由党党魁格拉德斯通具备维多利亚时代最优秀的英伦品质，他一生从事公职，不仅是出色的演说家、财税专家，也是品德操守很高的人，他曾经四度担任英国首相，也是历史上唯一有此殊荣的人。在他的领导下，英国建立了全国性的教育系统，国会改革也制度化，并且将投票权落实到基层的劳工大众。

迪斯雷利则曾经两度担任英国首相，且另有不同的出身背景。他在三十多岁时才步入政坛，开始在外交及社会改革方面崭露头角。他最具代表性的成就，是策划执行了英国收购苏伊士运河的控股权。

虽然这两个人对英国都作出了不可磨灭的贡献，但这两人最显著的不同点却在于他们的待人方式。有一位女士在接连两晚与这两人单独晚餐之后，以极为深刻的观察形容两人的差异。她说："当我与格拉德斯通共进晚餐之后，我认为他是全英国最聪明的男人；然而在我和迪斯雷利共进晚餐之后，他让我相信我才是全英国最聪明的女人。"迪斯雷利有一种让别人想要追随于他的品质，他极具魅力。

什么是个人魅力

大多数人都以为个人魅力是带着几分神秘，而且几乎是难以定义的。他们认为它是一种天生的品质，但这并不正确。其实，魅力就是吸引人来亲近你的一种能力；就像人格和品质一样，魅力也是可以培养出来的。

你如何使自己成为一个深具个人魅力的人呢？以下是你可以努力的方向。

1. 热爱生命

人们喜欢和那些能够享受人生的领导者在一起。想想你所认识的人当中，有哪些是你真心喜欢花时间和他们在一起的。你能描述出他们的品质吗？怨天尤人？愤怨不平？沮丧低沉？想必都不是，他们应该是热爱生命的，而不是怨天尤人的人。他们对生活有一种热诚。如果你想成为吸引别人的人，就应该活得像那些吸引你的人一样。18世纪著名布道家约翰·韦斯利（John Wesley）深谙此理，他说："当你点燃自己，人们自然就喜欢来靠近你的光和热。"

2. 给每个人的脸上挂上满分

你能够为别人做的美好事情之一，就是极力肯定每个人，这样的举动也会吸引他人来靠近你。我姑且把这种做法叫作"在每个人脸上挂上满分"。这样的态度会使别人更加肯定自我，同时也有助于你的人缘提升。著名作家雅克·威塞尔（Jacques Wiesel）曾说过："根据我对100名白手起家的百万富翁所作的统计显示，他们都有一个共同的特点，那就是这些事业成功的人，他们眼中首先看见的是别人的优点。"

迪斯雷利明白这一点，并且身体力行，这也是造就他极具个人魅力的秘诀之一。他曾经说过："你能为别人做的最美好的一件事情，不是与他分享他获得的财富，而是帮助他人发掘他生命里面的宝藏。"如果你对人心存肯定，鼓舞他们，并且帮助他们发挥潜能，他们会对你感激不尽。

3. 给人以希望

法国名将拿破仑形容领袖是"赐予希望的专家"，就像所有伟大的领袖一样，拿破仑知道希望是最宝贵的财富。如果你能成为赐予这份礼物的人，人们很容易就被你吸引，而且会永远感激你。

4. 分享你自己

人们喜爱那些愿意与别人分享自己和自我生命历程的领袖。当你领导他人的时候，把你自己奉献给他们，把你的智慧、资源，甚至出席特殊场合的机会都与人分享。举例来说，最近我去参加田纳西州杰尼斯堡的"年度讲故事大赛"，这是我几年来一直都想做的事情。当最终确定成行时，我和太太玛格丽特顺便也邀请了公司中另外两位主管及他们的太太一同前往观看，我们共同度过了极为愉快的美好时光。更重要的是，透过这些值得留念的时光，我为他们的生命灌注了另一份价值。

讲到"个人魅力"这个主题，最重要的观念是：以别人为重、能够先想到别人、先顾全别人需要的领袖，这才是有魅力的领袖。

自我反思：影响个人魅力的障碍

在有关领导者的个人魅力这一方面，你的自我评价如何，人们是否自然而然地受你吸引，你是个受欢迎的人吗？如果答案是否定的，那么，在迈向个人魅力的成长路上，你可能存在以下障碍中的一种或几种：

傲慢自大。没有人愿意跟随一个自以为了不起的人。

缺乏安全感。如果连你本人都难以接纳真实的自我，其他的人就更难以接纳你了。

情绪化。如果人们认为你难以捉摸，他们就不会再对你抱有希望。

完美主义倾向。人们尊重追求卓越的心志，却讨厌吹毛求疵的人。

愤世嫉俗。逮到机会就嘲弄别人的人，谁会乐意与之亲近呢？

如果你能避开这些倾向及品质，就可以开始培养你的魅力。

消除个人魅力障碍的"处方"

服用以下这些"良药",将有助于你魅力的提升。

调整自己的注意力。开始观察自己的人际关系及应对行为,只要几天工夫,你就可以察觉到自己的谈话有多少是集中在自己身上。然而,下决定多关注别人,以平衡你的谈话。

1. 注意第一印象

不妨做个实验:当你遇见一位新朋友时,设法让对方对自己留下最好的印象,记住他的名字,留心他的兴趣爱好,保持积极的态度。更重要的是:毫无保留地肯定他。如果这一天你能这么做,那么,你就可以天天这么做。这将会使你的个人魅力大幅度地得到提升。

2. 分享自己

从今天起，把分享自己的资源当成经常性的目标，至少想出五个人是你可以在今年之内帮助他们成长的，无论是家人、同事、下属或朋友，都可以提供对于他们个人或专业有帮助的资源，把自己成功的经验心得分享给他们。

真正的"魅力"源泉

华盛顿著名的社交名媛珀尔·梅斯塔（Perle Mesta）女士，曾经被问起她宴客成功的秘诀，特别是她怎样每次都能请到这么多名人前来赴会。

"秘诀都在见面和道别的时刻。"她回答。每当客人进门时，她就走上前，迎接问候："你总算来了！"当客人离开时，她会记得道别说："我真希望你再多待一会儿。"

她始终把注意力放在他人，而不是自己身上，这就是魅力的来源。

第三章

全力以赴可以创造任何奇迹
Commitment

人们不会跟随三心二意的领袖。从许多事件可以看出你全力以赴的程度：你用于工作的时间，你为提升能力所作的努力，你为服务同事所作的个人牺牲，等等。

——史蒂芬·格雷格，伊塞克斯公司董事会主席兼CEO

懂得把握时间、全力以赴的人，就是能够掌握一生的智者。

——弗里德里希·席勒，剧作家

全情投入，虽老而不悔

几年前，我和我的夫人玛格丽特去意大利度假。我们的两大爱好就是美食和艺术。为了找寻最好的美食，我们向去过意大利的朋友打听了一番。为了看到最好的艺术品，我们请了一位出色的向导，他是纽约大都会艺术博物馆的一位资深买手。旅途中，我们见到了许多伟大的艺术作品，但不过没有一个像米开朗基罗的《大卫》一样震撼人心。那时我便明白了什么叫作经典之作。

米开朗基罗的一生充满传奇色彩，他天生就洋溢着艺术细胞，特别是在雕塑方面。他被誉为"西方文明最伟大的艺术家"，也是最具影响力的艺术风格开创者。他曾经半开玩笑说，他还在喝奶的时候，就已经爱上了石匠的工具。21岁时，他便完成了他第一件成熟的雕刻作品；完成伟大的《圣母怜子像》和《大卫》时，米开朗基罗还不到30岁。

30岁出头的时候，米开朗基罗受到罗马教皇尤利乌斯二世邀请，让他雕刻壮丽的教皇陵墓。但是不久又让他参与一项绘画工程。一开始米开朗基罗对于在梵蒂冈的一个小教堂的天花板上画上十几个人物毫无兴趣，想要拒绝。虽然他小时候就学过绘画，但他的激情都在雕刻艺术上。但是在教皇的再三敦促下，他只得不情愿地接受这个任务。

学者认为，是米开朗基罗在艺术上的对手故意把他推荐给教皇，希望米开朗基罗自己知难而退，这样他也会失去教皇的好感；或是他接受这项工作，毁了自己的名声。当米开朗基罗接受这个任务后，他便全情投入，把这个工程中耶稣十二门徒的简单刻画扩大到包括了400多个人物在内的圣经《创世纪》的9个场景。

整整4年，米开朗基罗日夜仰卧着在西斯廷教堂的天花板上创作。为了完成这项工作，他付出了巨大的代价——不停工作让他的视力受到永久性伤害，并将他累垮。米开朗基罗说："经过4年昼夜辛劳，我画了400多个比正常人尺寸更大的人物，这使我觉得自己像《圣经》里的耶利米一样又老又疲倦。虽然我只有37岁，但我已经老得连我朋友都认不出了。"

米开朗基罗全力以赴的工作态度影响深远。他不仅让教皇深受感动，同时也接到了梵蒂冈的其他工作，成为了教廷的御用艺术家。但更为重要的是，他对艺术领域产生了重要影响。他的西斯廷教堂壁画画风大胆精巧，颇具独创性，从而改变了许多其他画家的风格，其中就包括了天才画家拉斐尔。美术史学家认为，米开朗基罗的作品给欧洲的艺术进程带来了永久的改变，也奠定了他日后在雕刻与建筑领域的非凡贡献。

毫无疑问，是米开朗基罗的才华成就了其伟大不凡，但若不是他全力以赴，他的影响力将大大降低。他的这种态度可见于他对细节的执著和对拱形画面的布局。当时有人问他，为什么愿意这样辛勤又认真地蜷曲在西斯廷教堂一个没人会注意到的角落里作画，他的回答十分简单："上帝看得见就够了。"

什么是真正的全力以赴

世界上没有一个伟大领袖不是彻底全力以赴的。美国航空公司的艾德·麦克尔罗伊（Ed McElroy）谈到全力以赴的重要性时说："立定心志，全力以赴，就能赋予我们源源不断的能力。无论遇上什么状况——疾病、贫穷，或灾难——都不能使我们将目光转离终点。"到底什么是全力以赴？对每个人来说可能都不相同：

对于拳击手而言，从地上一再爬起来，爬起来的次数总是比被击倒的次数多一次。

对于马拉松选手而言，感觉体力用尽之后，再多支撑十公里路。

对于士兵而言，不管山头上有多少敌军火力，先把它攻下来再说。

对于……

对于领导者而言，竭尽一切努力，让你所领导的每一个人都以你马首是瞻。

如果你希望成为一位卓有成效的领袖，就必须全力以赴。真正的全力以赴能使人受到激励，受到吸引，它让人们看见你坚定的信念。除非你坚守自己的信念，否则，怎么叫人信任你呢？如同《领导力21法则》中的"接纳法则"所说的，人们总要先对领袖有足够的信任，才能采纳他们所提出的目标与主张。

全力以赴的真实面貌是什么？以下三点将有助于你思考。

1. 全力以赴是从心底开始

有些人坚持等各种条件成熟之后，才愿意把自己投身于其中。然而，在看见成绩以前必要全力以赴。曾经有人告诉我，肯塔基州赛马比赛的冠军马匹，通常在最开始的半公里路中，为了脱颖而出，就已经用尽了肺中的氧气，而剩下的路程都靠它强壮的心脏来支撑。NBA巨星迈克尔·乔丹（Michael Jordan）说得更好："强大的内心，是优秀运动员和伟大运动员的不同之处。"如果你想要在他人的生活中扮演领导者的角色，那么，就先检查你的内心，看看自己是否已经确定全力以赴。

2. 全力以赴会受到行动的考验

嘴上说全力以赴是一回事，真的卷起袖子来做又是另一回事，真正的考验在于行动。物理学家阿瑟·戈登讲得中肯："夸夸其谈最易，日以继夜极难。"

曾有人告诉我一个法官当选后发表演说的故事。他在就职演说中说道："我要谢谢那424位答应投票给我的朋友，要谢谢那316位告诉我已投票给我的朋友，我感谢那47位上周四就出门投票的群众，当然，还有那26位真正把票投给我的朋友们。"对于所答应过的事，你信守的程度如何呢？

3. 全力以赴开启成功的大门

身为领袖，你将有许多机会面对障碍及敌对的势力，你将发现在某些情况下，唯有全力以赴才是支持你度过考验的力量。大卫·麦克纳利（David McNally）曾说过："唯全力以赴才能披荆斩棘，所以无论被击倒多少次，它总能支持你再爬起来，如果你的目标值得一试，你就要起身抬头全力以赴。"

自我反思：阻止你全力以赴的障碍

谈到全力以赴，世上只有四种人：

胆小鬼。这些人既无真正的目标，也不想全力以赴。

迟疑者。这些人不清楚自己是否能达到目标，于是等候观望，迟迟不肯全力以赴。

半途而废者。这些人已经踏上跑道，迈向目标，但因遇见困难便转身后退。

夺标者。只有少数人定下目标，全力以赴，不计辛劳挫折而最终获得成功。

你属于哪一类型的人？你正朝着自己的目标前进吗？你正致力于目标的追求吗？人们是否已经相信你，并乐意跟随你了？如果你的答案之中有任何一个是否定的，那么，症结或许就在"全力以赴"这个问题上。

消除全力以赴障碍的"处方"

你如何能更彻底地做到全力以赴呢？请试试以下的方法。

1. 用尺子衡量一下

有时我们以为自己已经全力以赴干一件事情了，但行动却告诉我们并非如此。把你的记事本和支票簿拿出来核对一下，花些时间算算看，你把光阴和金钱都用在哪些地方了；你花了多少时间在工作、社交、家庭、健康、娱乐及服务活动方面，又花了多少钱在生活、娱乐、学习、捐献等方面。这些是衡量你全力以赴程度的客观指标，或许你会惊讶于自己的发现。

2. 敢为最有价值之事而献身

有一个问题是每一位领袖都必须自问的，既然人生都难免一死，那么，有什么是我愿意为它付出生命的事情呢？有什么是我这一生绝不可停止努力，即使再困难也不能放弃的呢？仔细想想，写下你的发现，然而反省你的行动是否与理想互相配合。

3. 试试爱迪生的方法

如果跨出全力以赴的第一步是你的主要难题，何不试试爱迪生的做法呢？当爱迪生想出一项发明的点子时，他会立即召开记者招待会宣布这个点子，然后进入实验室，直到产品被发明出来为止。把你的计划告知亲朋好友，这或许能督促你更全力以赴、坚持不懈。

战场上容不下弱兵

前NBA篮球名将比尔·布拉德利（Bill Bradley）在15岁时参加了由爱德华·麦考利（Ed Macauley）举办的篮球夏令营。夏令营期间，麦考利说过一段话，这段话改变了布拉德利的一生："你只要记住，如果现在不竭尽全力，把每一个技术动作练到纯熟，总有一天你会在比赛中遇上实力相当的难缠对手，他会占尽一切优势。"按照麦考利的标准，你是否合格呢?

第四章

练就卓越的沟通能力
Communication

对于卓有成效的领导者来说，培养出色的沟通技巧是必须的。领导者应该把自己的知识和理念分享给团队成员，如果领导者不能清楚地传递信息，鼓舞他人付诸行动，那徒有信息根本于事无补。

——吉尔伯特·阿梅里奥，全美半导体公司总裁兼CEO

教育家常把单纯的事情复杂化；善沟通者能把复杂的问题单纯化。

——约翰·C.马克斯维尔

无论在什么时候，他都是伟大的沟通者

许多美国总统都是出色的沟通者，他们对这个国家产生过巨大的影响。我们的脑海中随时都能浮现像约翰·肯尼迪（John Kennedy）、富兰克林·罗斯福（Franklin Roosevelt）或是亚伯拉罕·林肯（Abraham Lincoln）这样的例子。但在我的一生中，只有一位总统称得上"天才沟通者"，那就是罗纳德·里根（Ronald Reagan）。

里根的沟通天分在他职业生涯的早期就显露无疑。他最早在电台工作，20岁出头的时候，他就迅速成为了美国中西部最有名的播音员之一。他常在球场作现场解说，但有时无法抽身赶到现场，就用电报接收，凭借自己的想象力作比赛解说。有一次，他解说芝加哥小熊队（Chicago Cubs）的比赛。当比赛进行到紧要关头，强力选手奥吉·加兰（Augie Galan）登场时，电报却发生故障而停讯了。里根反应迅速，以击出界外球等想象的情况，解说了6分钟，直到电报再度恢复传送比赛详情，听众们听得津津有味，丝毫不觉有异。

里根在其职业生涯中始终展现出非比寻常的沟通能力。而在他从竞选总统到入主白宫的这段时间里，他的沟通才能更是展现得淋漓尽致。1980年，里根宣布竞选美国总统，他对自己的竞选设想的描述清晰又简练："我们要传递的信息核心是我们熟悉的五个单词。我们不必援引复杂的经济概念，也不要赘述老套的政治哲学。我们只要五个简短的单词：家庭、工作、邻里、自由与和平。"

在竞选中，里根在与时任总统吉米·卡特（Jimmy Carter）的辩论中大获全胜。里根，这位前加州州长，看上去就像一位轻松的、有能力的、讨人喜欢的美国中产阶级。他就这样轻松赢得了大选。后来，在问到他在竞选辩论中是否紧张时，他回答道："我一点儿也不紧张。我可是和杀人犯约翰·维恩（John Wayne）同台演出过呢。"

里根无论是面对人群、相机，还是与人一对一交谈，他的交流总是最有效的。甚至当他接受拍摄，进入摄影棚的时候，他也总想着如何让别人放轻松。1981年3月30日当里根被推进手术室时，他对外科医生们开玩笑道："请向我保证，你们都是共和党人。"

里根也是一个好的行政主管，因为他总能保持清晰的目标，轻松作出决策，并且切实授权手下的人去执行。但他之所以能成为伟大的领导者则是因为他非凡的沟通能力。当人们需要知道国家领导人的立场时，永远不必怀疑里根的真正想法和决定。人们信赖他并且追随他的带领。成功的沟通使他成为一位人们渴望追求的领袖。

沟通艺术有迹可循

即便你不是里根那样的国家领导者，你也同样需要拥有良好的沟通能力。你的婚姻、工作，以及人际关系成功与否都在很大程度上有赖于此。如果人们不知道你的目标，他们便不会追随你。如果你遵循以下四个建议，你的沟通就会更有效。

1. 简化信息

沟通不仅在于你要说什么，也是你要怎么说的问题。有效沟通的核心就在于简洁，这和一些教育家所宣扬的恰恰相反。不要老想着用一些深奥的词句或是复杂的理论来讨好别人。如果你想要抓住别人的好感，就请保持简洁。拿破仑就经常告诉他的助手们："简洁、简洁，再简洁。"

有一则小故事提到一位年轻主管准备业务报告的草稿，这位年轻人第一次受到邀请去一群员工中作讲演，所以他问他的导师，怎样才能做好一个演讲。导师告诉他说："先写一个能马上吸引所有观众的精彩开场白。接着写一个激动人心的结尾，激励人们付诸实施。中间的部分就尽可能短就行了。"

2. 清楚对象

善于沟通的人通常都把注意力集中在和他进行沟通的听众身上。他们知道，如果不了解听众的话，就不可能有效地进行沟通。当你在与别人沟通时，无论是个人还是群体，都要自问这些问题：我的听众是什么人？他们的问题是什么？需要注意哪些问题？我有多少时间？如果你想成为一名有效的沟通者，就要以听众为中心。人们之所以信任出色的沟通者，就是因为出色的沟通者也信任他们。

3. 传达真理

真实性是有效沟通的前提。要向听众传递真理有两个办法。第一，对你所说的内容深信不疑。当普通人确信他们要说的东西，并且为之兴奋时，他们就成了出色的沟通者。陆军元帅斐迪南·福煦（Ferdinand Foch）观察道："世界上最厉害的武器就是点燃的灵魂。"第二，实现自己说的话。世界上没有比付诸行动的信念，更叫人心服口服的了。

4. 寻求回应

当你在沟通的时候，千万不要忘记所有沟通的目的都在于行动。如果你抛出一堆信息给听众，那你并不是在进行有效沟通。每次你对人们说话的时候都要给他们一些东西去感受、去铭记、去践行。如果你能够做到这些，你的领导能力将迈上一个新台阶。

自我反思：有效沟通的障碍

英国大型软件公司MVM的董事长小丹托·马奎兹（Danto Manquez Jr.）曾这样说起领导者沟通能力的问题，他说："领导者必须通过其他人才能完成事情，所以他就需要有能力激励人们，作出指导，并且善于倾听。只有通过沟通，领导者才能让人们对他的目标了然于心，并付诸实行。"

你该怎么评价你的沟通能力呢？沟通对你来说重要吗？你能鼓舞、激励别人吗？你所表达的想法，你的团队成员能够理解并执行吗？你在和别人单独交谈的时候，你能很好地与之沟通吗？和群体交谈的时候呢？如果在你自己的心里，深深相信自己的目标是正确的，但是人们就是不相信你的想法，那么障碍或许就在于你缺少有效的沟通能力。

消除沟通障碍的"处方"

如果你想要提升你的沟通能力，不妨试试以下几点。

1. 保持清晰

检查你最近写的信件、备忘录或是其他东西。你的句子是简洁直接的吗，还是说它们十分冗长？你的读者能领会你所选择的词汇吗，还是说他们在阅读时还需要配备一本字典？你是不是尽可能少用字词呢？对于有效沟通者而言，你最好的朋友就是简洁与清晰。下次当你拟稿时，别忘了带上以上的建议。

2. 调整焦点

在接下来的一个月里，当你进行沟通的时候请关注你想要表达的焦点。你的焦点是在自己身上、材料上还是听众上？如果焦点不在听众身上，你就需要作出改变。思考一下听众所需、所惑、所急之事。试着站在听众的角度上思考，你就会成为更好的沟通者。

3. 兑现所言

你的沟通和做法之间是否存在差别呢？问问你身边值得信赖的朋友，你是否兑现了自己所讲的话。你的配偶、导师，或是好朋友都能看见你所忽略的盲点。放下防备之心，倾听他们的评价。然后下定决心为了兑现所言而改变生活。

伟人同样注重沟通

1865年4月7日"南北战争"时期，亚伯拉罕·林肯总统作出了一个历史性的决定，他必须和战场前线的将军沟通。这封信必须要能传递他心头所有的希望，因为这是决定美国命运的一场战役。林肯总统的领导能力在这个关键性的沟通上充分展现了出来，他也将沟通技巧发挥得淋漓尽致。这封信的内容如下：

格兰特中将：

　　诚如谢里登将军所说："如果对南方军的李将军持续施压，我想他会投降的。"那就让我们再加点压力吧。

　　　　　　　　　　　　　　　　　　　　亚伯拉罕·林肯敬上

这位伟大的总统决不允许这件重要的沟通内容被复杂化，所以我们也不应该那么做。

第五章

干练：让平凡的人拥有不平凡的成就
Competence

干练是超越语言层次的，他是领导者沟通、计划，并付诸实践的一种能力，叫人们确信你胜任领导的位置，并甘愿追随你。

——约翰·C.马克斯维尔

如果社会因鄙视修水管的工作而忽略优秀的水管工，因喜好高尚的哲学而容忍浮夸的哲学家，那么它将失去优秀的水管工和优秀的哲学家。这样的后果是：其水管和理念必然将漏洞百出。

——约翰·加德纳，作家

平凡人的不平凡成就

美国杰出的政治家本杰明·富兰克林一直认为自己是个平凡的人。他是一个蜡烛制造商的儿子，一共有16个兄弟姐妹，家庭条件一般。他的童年十分普通，上了两年学，12岁时就去他哥哥的印刷厂当学徒。

富兰克林努力工作，生活简朴，他以一套13条美德规范约束自己，每天按此给自己评分。20岁的时候他创办了一家印刷厂，如果富兰克林觉得自己做好生意就感到满足的话，那么他可能只是费城历史上微不足道的一个小市民而已。但是他的一生传奇般辉煌，他是领导美国独立的先驱之一，是美国建国的元勋之一，同时还参与起草了《独立宣言》《巴黎条约》和美国宪法（他是唯一一位同时参与上述三份重要文件起草工作的人）。独立战争期间，他还被推选代表美国出访巴黎，完成了艰难又危险的外交工作，为美国独立争取了军事上与资金上的支持。

是什么因素使一个北方小生意人从身处富裕、倾向独立的南方大地主中脱颖而出，发挥这样大的影响力？我觉得这是在于富兰克林非凡的干练。富兰克林在他70年的岁月中，无论做什么都非常成功。1726年，当他开始做印刷生意时，人们不相信当时的费城能开设第三家印刷厂。然而，富兰克林却很快树立了良好的声誉，成为费城技术最优秀、服务最周到的印刷商。但他却并未因此而满足。

富兰克林对事情一向保持高度的好奇心，而且不断学习新事物，使自己和他人皆能有所长进。接着他扩展到出版事业，出了许多口碑极佳的畅销书。他又致力于开发电源的新方式，创造了许多至今仍沿用的专业名词。他还有许多发明，包括圆筒火炉、导尿管、双焦镜片等。当他乘船横渡大西洋时，还在船上测绘了墨西哥湾洋流。他对人生的态度，可以从他手制的年鉴案头格言看出："不要隐藏你的才华，它们生来就是要被发挥应用的。有谁会把日晷放在阴影里？"

富兰克林的才华还体现在许多方面。他协助建立费城第一座图书馆，开办了全美国第一个消防站；他第一个提出节约日光的时间观念，并担任服务性的政府公职。富兰克林的能力几乎无人质疑，但有时他仍必须将事实呈现在人们眼前，借以证明他观点的正确。例如，有一次他为了改良农耕而做了许多实验，结果发现：撒石灰在耕地上有助于育苗生长，但是邻居们都不太相信他的发现。于是，当次年春天来临时，他在马路旁的空地上，挖了一些字母形状的凹槽，先撒上石灰再全面撒草种。几个星期之后，人们走在马路上，老远就看到有一处空地上的庄稼，长得特别高、特别绿，它们组成了几个字"此处已撒石灰"，这时人们才明白富兰克林所说的确实有理。

人人都能变得干练

我们都欣赏那些在专业上相当能干的人，无论是精巧的艺术家、世界级的运动员，或是成功的企业家。但事实上，你我不必如米开朗基罗、迈克尔·乔丹或比尔·盖茨那般杰出。只要有心在这方面成长，以下的途径都将有助于你。

1. 出动全副精力

俗话说："等待必有所获。"只可惜有时获得的却是先到的人挑剩下的机会。负责任的人总是准时抵达，干练的人更是如此。他们不仅早到，而且精力十足，跃跃欲试。无论个人的感觉如何、处境如何，或者眼前的挑战有多么艰难，他们总是严阵以待，全力以赴。

2. 不断精益求精

就如富兰克林一般，所有干练的人都不断求取新的知识，不断成长，不断改进。他们常问："为什么要这样做？"毕竟，知道如何做的人只能找到工作，而知道为什么要这样做的人才是老板。

3. 追求卓越

干练的人做事一定彻底。维拉·福斯特（Willa Foster）这么说："品质绝非偶然形成的，而是来自于高度的决心、辛勤的努力、睿智的抉择和灵活的操作；它代表了在多种选择下脱颖而出的明智抉择。"长期坚守卓越是一种选择，也是意志力的表现。身为领袖，我们期望下属尽力到底，但他们对于领袖的期望往往更高。

4. 总比期望再多一些

真正干练的人总比常人多走一公里路。对他们而言，及格的分数是不够的。在《男性的中年危机》（Men in Mid-Life Crisis）一书中，作者吉姆·康韦（Jim Conway）描述迈入中年后的无力感："有些人屈服于一种逐渐失去坚持的心态，不想有所作为，只求心安就好。他们放弃击出全垒打的可能性，只求不被三振出局。"但领袖们可不能如此消极，他们要不断超越期望，日复一日，持之以恒。

5. 鼓舞你的伙伴

高度干练的领导者通常不只是自我表现卓越，他们也鼓舞激励其他工作伙伴。有的人仅凭借良好的人际关系生存，而卓有成效的领导者则是将人际技巧与工作表现相结合，从而将他的组织或团队带到一个更高的层次，具备更大的影响力。

自我反思：成就干练的障碍

在完成工作任务这个问题上，你认为自己的表现如何？你是凡事铆足劲儿、毫无保留地冲向巅峰，还是及格交差就心安理得了呢？我心目中杰出干练的人才，基本上可分成三类：

1. 可以预见需求的人。
2. 可以把需求付诸行动的人。
3. 可以在关键时刻圆满达成任务的人。

在你的专业里，你经常表现到什么程度？预期需求、付诸行动，还是坚持到得胜才罢手？你的表现越优秀，你发挥团体影响力的潜力也越强。

让人变得干练的"处方"

为了提升你的干练程度，以下几帖良方不妨一试。

1. 用"心"去做

如果你的心思不在工作上，想法子把它拉回来。首先，把自己重新投入到工作中，把毫无保留的专注投入其中；其次，找到自己心不在焉的缘由，是需要新的挑战，或是与同事心有芥蒂，还是升迁无路。找到问题的症结所在，设法化解这个情况。

2. 重新设定标准

如果你不是经常表现出高水平，就重新检讨你的标准。看看自己是否未尽全力，是否常抄捷径。如果是，请按下重新建档键，在心绪上再度出发前为自己设下更具挑战性的期望值。

3. 找出三种改善之道

若不刻意经营，没有人可以自己持续长进。研究一下自己的情况，找出三种增进专业技能的途径，然后下决心投入时间和金钱来实践它。

你才是自己的老板

前不久我在《得州商业》（*Texas Business*）里读到这样一段话："我们真是迷失的一代，鼓足了劲儿奔向没有终点的高速路，不时寻找'钱途'标志来引导方向。这似乎成了我们唯一公认的标准。我们不再有真正的信念，只有相对的道德标准。"

你的个人标准足以决定你是什么样的人。你能否回想起上次是什么时候——在没有人知道的情况下，自己仍能心甘情愿不计代价地全力达成任务？

第六章

勇气：勇气使你比大部分人更卓越
Courage

人类最重要的美德就是勇气，因为只有拥有勇气，才有资格谈论其他品质。

——温斯顿·丘吉尔，英国首相

勇气就是在恐惧中经过祈祷之后，所凝聚而来的力量。

——卡尔·巴斯，瑞士神学家

勇者中的勇者

以下三个人有什么共同之处吗？在1914年驾驶代托纳赛车创造世界赛车速度纪录的赛车手；保持着第一次世界大战中击落德军战机次数最多的王牌飞行员；在第二次世界大战中因为飞机坠毁而在太平洋上用救生艇漂流22天的盟军统帅顾问。他们都历经危险的情景，他们都展现出钢铁般的意志，而这恰好都发生在同一个人身上，他就是艾迪·里肯贝克（Eddie Rickenbacker）。

无论在体能上、心智上或经济上，迎接挑战对于艾迪·里肯贝克来说都不是大问题。当艾迪还是个小男孩时，他的父亲不幸去世了。艾迪只好辍学到外地打工，赚钱养家糊口。他不仅送报纸、卖鸡蛋和挤羊奶，还在玻璃工厂、酒厂、鞋厂及铸造厂打过工。不到20岁时，他在赛车场学做技工，22岁时开始投入职业赛中。两年之后，他就创下了世界赛车纪录。

当美国加入第一次世界大战时，里肯贝克很想加入空军，但是他已经过了空军征兵的最高年龄，学历也不够。所以他在军中当上了司机，借机说服他的长官送他去参加飞行训练。虽然同去训练的飞行员都上过大学，但里肯贝克开起飞机来一点儿也不逊色于他们。第一次世界大战结束时，他已经创下300个小时的飞行纪录，这是战争时期最高的。他连续134次在空中遭遇敌机而未被击落，打下26架敌机，并且赢得荣誉勋章，包括8个杰出服务奖章，以及法国菁英荣誉勋章。他升任为上尉，并且担任中队长。

里肯贝克因在空战中的英勇表现，赢得了"美国空军勇者中的勇者"之美誉。当被问起在空战中的英勇表现时，他承认自己曾经害怕过，他说："勇敢，就是去做你所害怕的事。如果你不曾害怕，你就不能了解什么叫作勇敢。"这份果敢使里肯贝克在战后也受到重用。1932年，他受聘担任美国东部航空公司的副总裁。当时的航空业普遍都接受政府补贴维持生存，然而里肯贝克却认定他们应该自负盈亏，并且决定全面改变公司营运方式。两年之内，他使东部航空转亏为盈，并创下航空业上的收入纪录。当美国总统下令取消所有飞机载运邮件的合约时，里肯贝克力争而且获胜。他带领东部航空长达30年之久，直到73岁才退休。当10年之后他过世时，他的儿子威廉写道："如果他只有一句终生奉行的格言，那一定是我听他讲过几千遍的那句话：'我会誓死战斗到底'。"

什么才是勇敢

回顾里肯贝克的一生，你就会为其伟大的勇气所吸引。这样伟大的勇气常见于战斗英雄，但实际上每一个伟大的商业精英、政府领导或是宗教领袖身上也同样拥有这种勇气。

如果你发现一个组织取得了重大进步，他们的领导者一定作出了勇敢的决定。领导者的岗位并不能给人们带来勇气，但勇气往往可以给人们带来领导者的岗位。这一点就体现在艾迪·里肯贝克身上。

拉里·奥斯本通过观察提出："高效的领导者几乎都有自己独特的特点，就是说他们的看法很少有相同的时候。一个人深信不疑的事，往往另一个人却深切警惕。他们当中只有一个共同特点，那就是愿意冒险。"

当你面对艰难的抉择时，请记住以下几点关于勇敢的准则。

1. 勇敢始于内心斗争

作为领导者所面对的每一次考验都始于你的内心，勇气的考验也是如此。正如心理医生谢尔顿·卡普所言："所有最具震撼力的战役，都是从每个人的内心打响的。"勇敢不代表毫无畏惧，而是去做自己所畏惧的事。勇敢的人有能力放下熟悉的事，去开拓新的领域。这就是里肯贝克所体现出的精神，而你也能做到。

2. 勇敢地追求真理，而非表面的安稳

美国黑人领袖马丁·路德·金曾说过："对于一个人的最终考验，不是在舒适方便的环境下进行的，而是在艰难和混乱的环境中。"伟大的领导者具备良好的人际交往技巧，而他们可以让人们团结，并且一起奋斗。他们会坚持立场，决不妥协。

勇敢基于原则，而非一己之见。如果你不能判断什么时候应该挺身而出、坚持信念，你永远不会成为一个卓有成效的领导者。你对挖掘潜力的关注程度，一定要高于你安定人心的欲望。

3. 勇敢能够鼓舞追随者全力相随

"勇敢是具有感染力的。"著名的布道家比利·格拉汉姆这样说过，"如果一个勇敢的人能够站稳立场，那么，其他人的腰杆子也能随着他而挺得直。"一个人体现出勇气，那么其他人也会受其鼓舞。

如果是一位领导者体现出勇敢，就更能鼓舞队友，让队友更愿意追随左右。我的朋友吉姆·莫拉多对此是这样解释的："领导力是勇敢的体现，它鞭策人们去做正确的事情。"

4. 生命的宽广度与勇气成正比

恐惧往往使领导者陷入局限。罗马史学家塔西佗曾经写道："对于安全的渴望是每一个伟大高贵的事业的绊脚石。"但勇敢的心恰恰相反，它能够为伟大的事业打开机会的大门。这也就是为什么英国神学家亨利·纽曼说："应该感到害怕的不是你的生命终将逝去，而是它从未开始。"勇气不仅给予你好的开始，更给你美好的未来。

具讽刺意味的是，那些不敢冒险的人，和敢于冒险的人一生中所经历的恐惧是一样多的。唯一区别就在于不愿冒险的人担心的都是些琐碎的事情。恐惧与困惑总要去面对，何不让自己的经历更有价值呢？

自我反思：阻碍你勇敢的原因

罗斯福总统的夫人埃莉诺·罗斯福曾经说过："你每次停下脚步，直面恐惧的时候，你都会获得力量、勇气与自信。你有能力对自己说，'我可以战胜这个恐惧，继续走下去。'你必须去完成你觉得自己做不到的事情。"

你是如何处理恐惧的？你是拥抱恐惧，还是在生活中原地打转？或者，你已经撤到了安全地带，根本无须惧怕恐惧？你想要提高勇气，需要作出什么改变呢？

提升你勇气的"处方"

以下三点有助于提升你的勇气。

1. 做冒险的事

直面困难去做一些平时不敢尝试的事情，以提高勇气，如：跳伞、公众演说（很多人都害怕这个）、演一场话剧、漂流、攀岩。重要的不是做什么，而是你在其中直面真正的恐惧。

2. 和与自己有矛盾的人谈话

很多人在生活中避免和别人起冲突，比如自己的属下、亲戚或同事。如果你碰巧曾经与别人发生了冲突，试着在这个星期找他聊一聊。不要去找他麻烦或是骂他，而是怀着一颗爱心去和他说实话。如果你已经尝试过跳伞或是激流，你就不会害怕这么做了。

3. 跨出一大步

对于你的工作，你或许一直害怕作出改变。但是如果自己清楚你应该要换个工作或是自己创业了，就应该鼓起勇气去进行尝试。花点时间好好想想这个问题，可以和你的配偶、导师或是一两位好朋友聊聊。如果这是件好事，就不要犹豫。

勇敢带来意想不到的结果

19世纪有一位演说家，叫彼得·卡莱特。一个星期天，他准备进行演说的时候，有人告诉他安德鲁·杰克逊总统也在台下，叫他不要口无遮拦。然而在布道的过程中，他说道："今天有人告诉我，杰克逊总统也在台下，叫我不要口无遮拦。而我想说，如果安德鲁·杰克逊不承认他和世人一样有原罪，那么他也一样得下地狱。"

演说结束后，杰克逊大步走到卡莱特面前说："先生，如果我有一群像你一样的人追随，我就能征服世界。"勇气所激发的行动，常会带来意想不到的积极结果。

第七章

辨析能力：不可或缺的领导品质
Discernment

聪明的领袖对于所听到的事只相信一半；而具有洞察力的领袖知道哪一半是他能够相信的。

——约翰·C.马克斯维尔

"坑洞规则"第一条：当你深陷其中，请勿继续挖掘！

——莫利·埃文斯，专栏作家

探究到底，必有发现

　　玛丽·斯克沃多夫斯卡一直喜欢深入探究问题的核心。她从小在波兰长大，对于上学和吸收新知识都非常热爱。当她的父母失去在学校教书的工作后，改做接收寄宿生的工作，她花了许多时间帮父母做家务。尽管如此，她还是以第一名的成绩从高中毕业，而且她的考试并不是用波兰语，而是用俄文作答的。

　　由于当时的情况不允许她进大学念书，她便依靠做保姆及家庭教师为生。因此她存下足够的钱给妹妹到巴黎深造，并且念完医学院。接着她自己也去了法国，进入了著名的巴黎大学文理学院。两年之后，她以第一名的成绩毕业于该院物理系；一年之后又拿到了数学硕士学位。

　　这时候，她开始全副精力投入基础领域的研究工作，为法国工业协会负责实验工作。但她心中一直有个深深的渴望——寻找出铀金属放射线的奥秘。

　　在物色实验室地点时，玛丽遇见了他后来的丈夫及研究伙伴皮埃尔。你或许听说过玛丽·斯克沃多夫斯卡，但你可能更熟悉他在1895年嫁给皮埃尔·居里之后的名字。她喜欢被称为居里夫人。

居里夫人的研究终于在放射线（她发明的字眼）领域里大放异彩，并且开创了核物理及医疗放射线两方面的研究之门。1906年，皮埃尔不幸丧生于一场意外，但玛丽·居里仍然继续他们的研究并且又得到了许多重大突破。

"人的一生多半是艰难的，"居里夫人曾经道出心声，"但那又如何呢？我们必须坚忍不拔并且保持高度自信。我们必须深信自己，即被赋予某些意义及目的，不实现目的便不能罢休。"她的研究在一生中获致极多的肯定：15面金牌、19项学位并两度获诺贝尔奖（一次物理奖，一次化学奖）。

居里夫人不屈不挠的精神，从她的求知欲及研究成果的运用上可见一斑。她和女儿艾琳（后来也获得诺贝尔奖）共同发明了光放射图照相术，并且带头推动，将此装置安设于救护车上。居里夫人还训练了150名技术人员学习使用X光照相，并帮助巴黎大学成立了放射科学研究院。她不仅监督研究院的实验大楼工程，同时也帮忙到欧洲和美国筹措物资及款项来装备这所实验室。

居里夫人认为："人生中没有什么是可怕的，探究到底就会明白。"她的智能与洞察力使她明白并且发现许多对当今世界极有贡献的事物。但不幸的是，敏锐的洞察力能力未能使她长寿。她走在放射线研究的尖端，因为没有足够的防护措施，她长时间暴露于辐射线之下，最后，她的工作终于慢慢拖垮了她。她的健康恶化，1934年不幸死于血癌，年仅66岁。

辨析能力可以培养

分辨可以说是找出事情根源的能力，它依据直觉和理性的思考。卓有成效的领袖需要洞察力，但更多优秀的领导者却忽略了它。举例而言，以下几句话都出自优秀的领导者，变成了他们最后的名言。

我告诉你们，威灵顿是个劣等的将军，英国部队也不堪一击：我们在午餐之前就可以解决他们。
——拿破仑在滑铁卢战役前，对手下将军的早餐谈话（1815年）

我估计全世界大概只能销出五台电脑。
——托马斯·沃森，IBM董事长（1943年）

我不需要保镖。
——吉米·霍法在失踪前一个月所说（1975年）

洞察力是一种不可缺少的领导品质，对于任何追求卓越的领导者都是这样。它有利于下列重要事项。

1. 找出问题的根源所在

大型机构的领导者每天都必须处理许多突发和繁忙的事务，因此几乎无法等到掌握足够的资讯再作出决定。这样一来，他们必须具备辨析能力。麦吉尔大学的学者亨利·明茨伯格（Henry Mintzberg）说："组织的果敢并非来自狭义的理性判断，而是由逻辑清晰的头脑和绝佳的直觉所构成的。"辨析能力使领袖们看见部分远景，辅以直觉为补充判断，即可探寻出结症所在。

2. 加强对问题的解决

如果你能够找出问题的根源，就能够着手解决它。一位领袖越是身处他天赋较强的领域，越能够发挥优秀的直觉与问题判断能力。如果你想操练出分辨的潜能，就先从你擅长的领域开始吧。

3. 评估各种选择以获得最有利的局势

企业管理顾问罗伯特·海勒（Robert Heller）提出了这样的建议："绝不要小看直觉，但也不要仅仅依靠它。"辨析能力不是依靠直觉，也不是只靠大脑；它是动员你的胆识和头脑，来寻得最佳的判断，为你的人员组织寻求最佳利益。

4. 扩大你的机会

缺乏辨析能力的人极少遇见"天赐良缘",或许伟大的领袖有时候看起来很幸运,但我相信是他们懂得利用辨析能力为自己创造"时运",并且乐于运用经验,听从自己的直觉。

自我反思：你是否具备辨析能力？

　　你是一位具有辨析能力的领袖吗？当你面对复杂的问题时，你可以直捣问题的核心吗？即使没有完整详尽的资料，你也能看出难题的根源吗？你可以信任并依靠你的直觉，就像依靠智慧和经验一样吗？如果不能，你需要加强、培养它，重视非传统的思考，迎接改变，接受模糊以及不确定的状况，扩展你的经验的广度。你的直觉辨析能力将会越用越强大。

提升辨析能力的"处方"

为了提升你的辨析能力，不妨尝试以下几个方法。

1. 分析过去成功的例子

回顾过去你所成功解决的问题，每一个问题的根源是什么？是什么因素促使你成功？如果你能用少数几个字界定出问题的核心，或许日后你也能如此解决所遇见的其他难题。

2. 学习别人的思考方式

你崇拜哪一位领导？选出几位在专业和天分方面与你近似的，仔细阅读他们的传记。学习其他善于辨别是非的领袖是如何思考的，这将有助你提升自己的辨析能力。

3. 倾听你的直觉

想想过去曾经有过的正确直觉或灵感（或许你并没有听从），这些经验有什么共同之处？若能找出模式，将有助于你培养以直觉辅助判断的能力。

错过良机很可惜

　　瑞士表制作精良，因此瑞士的制表工业举世闻名，在许多年前曾经独领风骚。1940年，瑞士钟表占全球产量的80%。到20世纪60年代末，有一位发明家把一种全新的制表观念介绍给瑞士制表业的企业家，但他们拒绝接受，甚至不屑一顾。然而，这位发明家深信他的设计必会拥有前途，于是转而将它介绍到日本。这家公司后来成为了精工（Seiko），这个设计就是现在风行的电子驱动钟表；如今，全球80%的手表都是以这种设计方式为基础的。

　　一个经过辨析能力的选择，可能会改变你的整个前景。

第八章

专注：使领导更能发挥效果
Focus

如果你想一次追捕两只兔子，那你将一只都得不到。

——佚名

人们说的、人们做的，以及别人说他们做的，可以是毫不相干的三件事。

——玛格丽特·米德，人类学家

与众不同的专注精神

1998年，当亚特兰大勇士队和圣地亚哥教士队在争夺国家棒球联盟锦标时，我有幸出席欣赏了几场球赛。当我住在圣地亚哥时，我是教士队的忠实球迷，直到1997年我搬到亚特兰大之后才转而支持勇士队。我在整个赛季中都为勇士队加油直到决赛遇上教士队为止。为什么我又转回来了呢？因为我实在没有办法抗拒圣地亚哥的球员托尼·古恩。

托尼·古恩是过去50年来最杰出的击球手，他曾经八次获得最佳击球纪录，在他的职业棒球生涯中，他的击球率高得惊人——0.339。看托尼·古恩打球真是一件赏心悦目的事，我相信他注定是要被选入棒球名人堂的。

如果你在路上遇见托尼·古恩，而不知道他是谁的话，那么，你大概不会猜想到他是一位职业棒球明星。5英尺11英寸的身高及220磅的体重，托尼·古恩对于身为职业棒名人并不特别自傲，但可千万别因为他这种谦虚低调的作风，而低估他的本事。

托尼·古恩早在大学时代就因球技杰出而被球探盯上，连职业篮球队也看上了他，虽然他的运动天赋优异，但是他成功的真正关键却在于他专注的精神。

　　托尼·古恩热爱击球，并且一心一意地专注其中。每个赛季他总要把棒球名将泰德·威廉姆斯（Ted Williams）所著的《击球的艺术》（*The Science of Hitting*）读好几次。这是他最早发现的一本书，也是他在大学时代所钟爱的书。他花了许多时间观看球赛录像带，家中有一整个图书室的击球纪录片，而且仍继续不断用五台录影机透过卫星天线录制。他连出外旅行都看这些片子。当他出外比赛时，总是随身携带两部录放机，把自己的击球状况录下来。当他不在击球或看片子时，则经常与队友谈论击球方面的话题，即使是在他入选全美明星队之后也是如此。

　　托尼·古恩的求知欲始终不衰，练习击球是他最大的乐趣。他曾经在抵达宴会时，被人看见击球手套还露在裤子口袋边，因为他在路上忍不住去球场挥了几棒。即使在他练球、看片子及与人讨论之余，他仍然通过抽空打乒乓球或做其他活动来训练反应速度，甚至连决定长期留在圣地亚哥打球，都是为了帮助他的球技进展。他说："我的长处之一就是自知负荷能力有限，圣地亚哥没有令人分心的事。在这城市，媒体不会追逐我，使我能够专心一意地练习。"

　　专心一意是很好的。托尼·古恩成为职业球员的平均击球率在每个赛季都达三成以上。专栏作家乔治·威尔（George Will）认为各行各业的杰出人士都有一个共同之处，就像托尼·古恩一样："他们能培养一种大多数人所无法了解的高度专注力。"

你也可以更专注

　　怎么样才能拥有更好的专注力，使领导效果发挥得更好？重点在于要知道优先次序和集中注意力。一个领导若只知道轻重缓急而不能集中注意力，那就如同一个人知道该做什么，却总是一事无成；但如果只是集中注意力，却不知道轻重缓急，虽然可以保有品质，却依旧不能让事情推进。唯有两者兼顾时，他才有潜力去完成大事。

　　我经常发现居于领导地位的人只注意小事情，这实在不太划算。试想如果托尼·古恩把时间花在研究窃垒上，那将是多么巨大的损失啊。我并不是说托尼·古恩不会窃垒，实际上，他的职业生涯中成功完成了3000多次窃垒，但这并不是他的专长。如果他把时间花在学习窃垒，而不是专研击打，那将是白白浪费时间和天赋。

　　但问题的关键在于，要怎么才能专注地使用时间和精力？以下原则将会对你有所帮助。

1. 70%的专注用于长处

卓有成效的领导者往往花更多的时间专注于他们做得好的领域。管理学大师彼得·德鲁克（Peter Drucker）说过："最为神奇的事情并非人们把事情搞砸，而是我们偶尔能做对几件事情。人人皆有能力不足之处，但每个人也都是在特定领域有他的长处。例如，没有人会因为伟大的小提琴家亚莎·海菲兹（Jascha Heifetz）不会吹小号，而对他说三道四。"想要成功，就要专注并开发自己的长处。只有你的长处才值得你倾注你的时间、精力与资源。

2. 25%专注于新鲜事物

成长意味着要不断改变。如果你想要变得更好，就要不断改变，寻求进步。这就意味着你要勇于涉足新的领域。几年前，古恩和泰德·威廉姆斯有过交流，之后他便开始尝试新的击球方式。老前辈建议古恩要学着击球的内侧，这样才能成为一名更出色的选手。古恩一直以来都习惯击打外侧球，通过练习击打内侧，古恩的击球率有了显著提高。如果你能够尝试与自己擅长的领域相关的新鲜事物，那么你就能成为一个领导人才。别忘了：在领导过程中，如果你停止进步，你的领导力也将停滞不前。

3. 5%专注于自己的弱点

没有人能够完全避开自己的弱点。关键在于将弱点带来的影响尽可能的最小化，领导者可以通过放权的方式做到这一点。以我为例，我就将细节工作交给其他人——音久集团的一个团队负责我会议的所有后勤工作。这样，每当我到达会场，我就可以专注于我最擅长的事情，比如我的演讲。

自我反思：你的专注力是否在正确的轨道上

在专注方面，你认为自己的程度如何呢？你会花多少时间在小事上？你是否把大量时间花在你的短处方面，而忘记发展你的长处了？那些最没有潜力的人是否消耗掉了你的大部分时间？如果是，你可能就错过了真正的重点。为了让你的专注力能重新回到正轨，请你采取以下几个行动。

对自己花时间：你既是自己最大的资产，也可能是自己的障碍。

定出你做事的优先顺序：优先的事务需要拼命完成。

充分发挥你的长处：你可以最大限度地发挥你自己的潜能。

和同伴一起努力：独行者无法成就大事。

提升专注能力的"处方"

以下三点将有助于提高你的专注能力。

1. 扬长避短

列出三四项你在工作中的出色表现，你花了多少时间去做它们？你花了多少资源在这些事情上？做个计划，使你能将70%的时间施展在自己的长处上。如果客观环境不允许，那或许你应该考虑换工作或者换行业了。

2. 让别人来补足你的短处

列出三到四项你必须去完成，但又不太在行的事情，以决定如何分配给合适的人，或者是否要重新聘用新人。你可以找人分担吗？请以具体方式一一写下来。

3. 力求突破

现在你已经看到事情的优先顺序了，想想该如何集中注意力，以及你在所擅长的领域中应当如何才能做到晋升。你需要什么工具吗？重新反省你做事的方式。改变必须付出代价，但金钱和时间如果花在能更上一层楼的方面，那就是最好的投资了。

分身乏力

有经验的驯兽师都知道，走进狮笼中最好手拿一只四脚长凳，因为它是使狮子迅速镇静下来的好工具，几乎和镇静剂一样有效。当驯兽师手持凳子，以凳脚的方向朝向狮子的脸的时候，它会不由自主地专注于四只脚，而这会使它分神而无力。分散的专注力永远是你的头号敌人。

第九章

慷慨：蜡烛照亮他人的同时也闪亮自己
Generosity

没有人会因为获得了什么而享有荣誉——荣誉是因为他的付出而带来的一项奖赏。

——加尔文·柯立芝，美国总统

给予，是最高境界的生活方式。

——约翰·C.马克斯维尔

发自内心的慷慨

说到慷慨大方的人，你脑海中最先出现的人是谁？是安德鲁·卡内基（Andrew Carnegie）、J.P.摩根（J.P.Morgan），还是安德鲁·梅隆（Andrew Mellon）这样的过去的百万富翁、大慈善家，或者是当代的慈善家，例如琼·克劳克（Joan Kroc）或是比尔·盖茨（Bill Gates）？这些人都捐出过以百万计的钱。但是这里我要向你介绍另外一位慈善家。你可能从未听说过她，但是她所从事的慈善事业是最深层次的慈善，是从内心出发的真正的慈善。

她的名字叫伊丽莎白·艾略特（Elisabeth Elliot）。20世纪50年代初期，她和一队传教士前往厄瓜多尔，希望能够接触当地的印第安人。传教士中有个年轻人叫吉姆，从1947年开始和伊丽莎白交往。他们一起努力，将青春奉献给厄瓜多尔的印第安人，而他们最终也将自己交托给对方，结为连理。

两年之后，他们有了一个十个月大的女儿——薇拉莉。当时，吉姆和其他四个传教士正与奥卡地区的印第安人部落接触。这里的印第安人以残暴而闻名，最早与他们接触的记录是在17世纪初，当时他们杀死了一个传教士。自那以后，每一个外来者都会遭到他们的攻击。甚至在厄瓜多尔其他的印第安人都离他们远远的，因为害怕他们残暴的行为。

吉姆和其他人准备与这些印第安人接触的时候，伊丽莎白知道他们五个人将以身犯险，但是她的态度一样坚决，她和丈夫都将自己的生命交给这次行动。几周以来，传教士用飞机向奥卡的村落投掷一些生活用品以及其他东西作为礼物，其中包括他们的照片，这是吉姆等人与当地印第安人的第一次接触。

几周以后，吉姆等人登上了库拉雷河的河滩，并在岸边扎营，与三个奥卡当地人进行接触。两女一男——三个奥卡人看上去相当和善。接下去几天，他们陆陆续续接触了其他几个印第安人。吉姆用无线电告诉妻子，他们取得了重大进展，正和当地部落建立友好的关系。

但是几天以后，吉姆等人没能在约定的时间与大本营取得联系。他们的妻子等候了很久，依旧没能和他们联系上。几分钟、几小时，甚至整整一天，依旧没有吉姆等人的任何音信。伊丽莎白和其他几位传教士的妻子都感到事情不妙。

搜救队出发寻找这几位传教士的下落，但无线电传回的却是不幸的消息。他们在河上发现了一个白人的尸体，接下去找到了一个又一个。这五个人的命运都一样：被奥卡人特有的长矛刺死了。

按照常理，在这种巨大痛苦下，伊丽莎白应该和许多人一样，选择放弃宣教，回到安全的国土上。放弃美国的舒适的生活，到厄瓜多尔的荒蛮之地帮助当地土著是一回事，而牺牲配偶、家庭破碎又是另外一回事了。但是艾略特有着一颗真正慷慨的心。虽然她刚遭遇丧夫之痛，但她还是期盼继续留下来，为厄瓜多尔的人群服务。虽然亲友们都劝她回到美国，但她还是选择留在厄瓜多尔，和当地土著生活工作在一起，为他们服务。

接下来发生的事情更是令人不可思议。其他的传教士继续深入奥卡地区，和当地的土著村落接触。两年之后，他们终于成功了。伊丽莎白听说消息后迅速赶往这个村子。她是要去寻找仇人吗？不是，她是想要去和当地人生活工作在一起，为他们服务。伊丽莎白和奥卡当地土著生活工作了两年，许多的土著因为她的爱心而深受感动，其中包括两个曾经参与杀害她丈夫的土著在内。

培养自己慷慨的品质

没有什么能比领导者的慷慨更有说服力的了，慷慨能让人受益更多。真正的慷慨大方并非偶然之举。它来自人的内心，渗透在领导者生活中的方方面面，比如他的慷慨体现在时间、金钱、才能与资源等方面。卓有成效的领导者能够让人愿意追随左右，他们所争取的事情并非仅仅为了自己，他们的所作所为是为了让更多人受益。想要在生活中培养慷慨的品质，可以从以下几个方面着手。

1. 对自己所拥有的心怀感恩

如果一个人对自己所拥有的东西并不感到满足，就很难做到慷慨大方。慷慨大方来源于知足，而且并不期望事情都有所回报。亿万富翁约翰·D.洛克菲勒坦承："我的财产数之不尽，但这并没有给我带来快乐。"如果你对自己所拥有的东西不知足，那么你就算拥有得再多也不会知足。同样，如果你对自己拥有的财富不够慷慨大方，那么就算有朝一日你变成亿万富翁，你也不会突然变得慷慨大方。

2. 将他人放在第一位

评价一位领导者，不在于有多少人为其工作，而是在他为多少人服务。慷慨大方需要把他人放在第一位。如果你做到这一点的话，给予就变得很容易了。

3. 不要让占有欲控制你

我的朋友厄尔·威尔森（Earle Wilson）把人分为三类："我有、我没有，以及我有但没有付出代价。"现在，越来越多人被占有欲所奴役。作家理查德·福斯特（Richard Foster）写道："占有欲是我们文化里的魔咒。一旦我们拥有一样东西，我们就觉得我们可以控制它。一旦我们可以控制它，我们就觉得它能给我们带来许多快乐。这种想法其实是一种错觉。"如果你想要真正掌握自己的内心，就别让这些物质占有了你。

4. 把金钱视为一种资源

有人曾经说过，一旦谈及金钱，每个人都不可能成为赢家。如果你一心想着赚钱，你就是个物质主义者；如果你想要赚钱却没赚到钱，那你就是个输家；如果你赚了很多钱又不舍得花，那你就成了个守财奴；如果你赚了很多钱又把钱花光了，那你就是个败家子；如果你不在乎赚不赚钱，那你成了没志向的人；如果你赚了很多钱，死的时候还剩很多，那你就是个傻瓜——因为钱这东西，生不带来死不带走。

在这个问题上，想要获胜的唯一办法就是以轻松的方式对待它，并且要慷慨大方，用它去完成真正有价值的事情。斯坦利·琼斯（E.Stanley Jones）说过："钱是个好仆人，但是个坏主人。如果让它高高在上，你就会成了它的奴隶。"

5. 养成给予的习惯

1889年,亿万富翁安德鲁·卡内基写了一篇文章《财富福音》（*Gospel of Wealth*）。文中说有钱人的人生有两个阶段：第一阶段是获得财富，第二阶段是分散财富。维持慷慨大方的唯一方法就是养成给予的习惯，包括你的时间、注意力、金钱和资源。理查德·福斯特建议："仅仅是把金钱或其他财物捐赠出去,对于我们而言就是意义非凡，因为这可以战胜贪婪的恶魔。"如果你成为了贪婪的奴隶，你就不适合继续担任领导了。

自我反思：你是否明白给予的意义

你是一个慷慨大方的领导者吗？你是否不断寻找使他人获益的方式？你是否捐钱给比你更重要的一些事情呢？你把时间花在谁身上？你是否把你的人生都倾注在其他人身上呢？你是否帮助那些无力回报你的人呢？

作家约翰·班扬（John Bunyan）曾经说过："如果你没有为那些无力回报你的人做些事的话，那么你的一天就算白过了。"如果你在小事上无法给予，那么你作为领导的慷慨程度还需要提高。

让自己变慷慨的"处方"

如果你想学习做个更慷慨大方的人，需要做到以下几点。

1. 将东西捐出去

看一看你对物质的占有欲有多强，可以找一些你真的觉得有价值的东西，思考一下你关心的人中有谁需要会它，你就把这东西送给他。当然，匿名赠送会更好。

2. 让你的钱能够发挥作用

如果你知道某个人有很好的目标，而且他能对别人产生积极影响，那就向他提供一些资源来完成这些积极影响。用你的钱促成一些比你的生命更长远的事情。

3. 找一些人，给予他们指导

如果你的领导力达到一定程度，你所能够给予的最有价值的东西就是你自己。请寻找那些你值得为他们倾注一生的人，把你的时间和资源花在这些人身上，使他能成为更好的领导者。

没有捐献出去的，就算是浪费

　　法国著名作家多米尼克·拉皮埃尔（Dominique Lapierre）第一次去印度为自己的新书作调查的时候，他开着用稿费买来的劳斯莱斯，可谓风光无限。当他到了印度，他不仅搜集到了新书《欢喜城》（City of Joy）所需的资料，而且也获得了意外的收获：一份帮助印度贫苦人民的热情。这份热情改变了他的一生。现在拉皮埃尔的时间分在几个方面：写作、筹款以及贡献自己的时间与金钱去帮助人们。他的态度可以用印度诗人泰戈尔（Rabindranath Tagore）的话来总结，而现在这段话也印在了拉皮埃尔的名片背面："没有捐献出去的，就算是浪费。"

　　你现在正在浪费什么你所不愿放下的东西呢？

第十章

主动性：机会是自己主动寻找来的
Initiative

成功似乎离不开行动。成功的人不断行动，他们虽然有时犯错误却永不放弃。

——康拉德，希尔顿饭店创始人

在让领袖畏惧的诸事之中，自满应是居于首位的东西。

——约翰·C.马克斯维尔

先迈步才能向前

凯蒙斯·威尔森（Kemmons Wilson）一直以来都是一个主动的人。他从7岁就开始工作，一直未曾停下脚步。他一开始是卖杂志、报纸和爆米花。1930年，在他17岁的时候，他第一次尝试正式拿薪水的工作，为棉花经纪人写价格牌，每周赚12美元。

后来公司有一份周薪35美元的记录工作空缺，威尔森当仁不让地率先申请并获得录用。但是当他拿到薪水袋时里头却只有12美元，他要求加薪并得到满足。到了第二个星期拿到薪水时，他发现里面只多了3美元。当他向公司提出为什么不能拿到像其他记录员一样的35美元时，老板给他的答复是：公司不会把那样的薪水支付给一个才17岁的孩子。威尔森立即递交了辞呈。这就是威尔森在接下去的70年人生里，所做的最后一份领薪水的工作。

威尔森此后的事业渐有成长，赚钱也不限行业：投币游戏机、冷饮及售货机经销。他还省下足够的钱为母亲盖了一栋房子，并因此看到了家居建筑业的潜力。接着，他就跨入孟菲斯地区的建筑业，成了当地的富翁。威尔森的主动精神为他赚取了许多财富，但尚未影响到全世界。直到1951年，这一年他带着全家到华盛顿度假，在旅途中他亲身经历到美国旅馆业的落伍。汽车旅馆自20世纪20年代就在美国各地兴起，有一些相当适合全家人使用，有一些则是按小时出租床铺，问题是要进到旅馆大门才知道是采用何种收费方式，这全凭个人的运气。

"你完全没办法预测全家人会住进什么样的旅馆。"威尔森回想着说，"有些旅馆简直污秽得不堪形容，而且如果有小孩子，你还得另外加钱，这种现象叫我气愤。"育有五个小孩的威尔森出门旅游一趟，简直要破财，每个房间要四至六美元一晚，外加每个小孩两美元……这相当于要付出三个房间的费用才住上个房间。遇到这种事情，大多数人会自认倒霉，顶多抱怨了事。但是威尔森却有主动的精神，决定要采取行动改变现状。"我们回去之后就开设家庭旅馆连锁店，"他跟太太这么说，"让这个旅馆叫人可以信任。"他的目标是盖400家连锁旅馆，当时他太太甚至还笑他是痴人说梦。

威尔森回到孟菲斯就雇了一个设计师，帮他设计第一家旅馆，他希望建造一栋干净、简单、使用方便的旅馆，并且具有每个家庭都应有的设备，例如：每个房间都有电视机，每个旅馆都有游泳池等。第二年他就在孟菲斯郊区开了第一家旅馆。这旅馆的名字写在53英尺高的招牌上，醒目地向来往行人车辆显示：假日旅馆（Holiday Inn）。

完成400家旅馆的目标所耗费的时间，比威尔森预期的要长了一些。到1959年，他只开了100家，但当他开始接受加盟连锁时，新旅馆就加速成长起来。到1964年，假日旅馆已经开了500家，1968年增加到1000家。1972年，平均每72小时，全球就有一家假日旅馆开张。

直到1979年，当威尔森因心脏病退休时，假日旅馆仍在继续扩张成长之中。

"我年轻的时候常常饿肚子，"威尔森说，"必须努力地工作才能糊口，可是当心脏病发作而退休之后，我回家才休息一个月，就受不了悠闲的生活了。"对于一个主动型的人来说，要他什么都不做简直是太困难了。

主动型的领导看得见

在《领导力21法则》一书中，我指出领导者必须懂得主动和跟随者沟通，但那并不是显示主动精神的唯一场合，他们必须经常寻找机会，并预备采取行动。是什么品质使得领导者能够推动，以完成事情呢？我发现至少有以下四点。

1. 他们知道自己需要什么

幽默的钢琴师奥斯卡·黎凡特（Oscar Levant）曾经戏谑地说道："我前一秒刚下决心，后一秒就开始优柔寡断。"不幸的是，许多人实际上就是这样的，没有人可以既优柔寡断又能卓有成效的。正如拿破仑·希尔（Napoleon Hill）所言："所有成就的开端都在于强烈的欲求。"如果你想要成为一名卓有成效的领导者，你就要知道你想要什么。只有这样你才能在机会来临的时候发现它。

2. 他们驱使自己采取行动

有一句古老的格言："如果你愿意，则凡事皆能。"主动的人不会等着别人来鼓舞自己，他们知道迫使自己去自我超越安逸的领域，是自己的责任。他们以此为习惯，这就是为什么像西奥多·罗斯福（Theodore Roosevelt）这位20世纪伟大的主动型领导人说："我的履历中，没有什么了不起的事情，除了一件事，那就是：我只做我认为肯定会成功的事情。而当我决定做一件事的时候，我就立即付诸行动。"

3. 他们甘愿冒险

当领导者知道自己想要什么，并推动自己去付诸行动的时候，他们还会遇到一个障碍——他们是否愿意承担风险。积极主动，换句话说，往往就是冒一定风险。但是优秀的领导者愿意承担风险的一个原因，是他们知道如果不主动可能要付出更大的代价。

肯尼迪总统（John Kennedy）曾断言："一个行动计划总伴随着风险和代价，但比起追求安逸、毫不作为所带来的长期风险与代价，就要来得小得多。"

4. 他们也会犯很多错误

对于主动的人来说，好的一面是他们能完成事情，坏的一面是他们会犯很多错误。IBM的创始人托马斯·J.沃森（Thomas J.Watson）就承认这一点，他说过："成功的方法就是把失败率提高一倍。"

虽然主动型的领导者会经历更多的失败，但是这并没有给他们带来过多的困扰。一件事的前景越美好，失败的几率就越大。参议员罗伯特·肯尼迪（Robert Kennedy）总结过："只有勇于犯错的人，才能成就非凡。"如果你想要成为一名成就大事的领导者，你就得愿意主动出击，勇于冒险。

自我反思：你足够主动吗

你是一个主动的人吗？你经常主动寻找机会，还是总是等着天上掉馅饼呢？你愿意凭直觉采取行动，还是说你总是没完没了地分析每一件事？克莱斯勒前董事长李·艾柯卡（Lee Iacocca）说过："即便是正确的决策，如果决定得太迟，也会成为错误的决策。"你上一次主动尝试的重大事情是什么时候？如果你最近没有逼迫自己从安逸的领域里走出来，那么你就得让自己开始积极主动做事了。

让自己更主动的"处方"

如果你想培养主动精神，请尝试以下的做法。

1. 改变你的心态

如果你缺乏主动，要知道问题根源是从自己内部来的，怪不得别人。分辨出你老是迟疑不前的原因，是否风险叫你畏惧？你是否仍担心于过去的挫败？你是否看不见机会所带来的前景？找出使你犹豫的原因，并去处理它。你的内心必须能够突破，你的外在才能迈步向前。

2. 别光等机会上门

好机会绝不会自己送上门。你必须出去寻找它，好好把你的资产、才能及资源列出来，这样你对自己的潜力才能有所估计。从现在开始一星期内天天认真寻找好机会。你看到哪里有需要？有谁在征求像你这样的人才？有哪些你不曾接触到的人，渴望得到像你这样的人来帮助？机会到处都有，睁大眼睛就会看见。

3. 采取行动

看见好机会是一回事，采取行动又是另一回事。有人笑道：哪一个人在洗澡时没有突发奇想？但只有极少数人能在擦干身子，走出浴室之后，真正采取行动。选个你所想要做到的最佳机会，尽全力尝试看看你能做到什么地步，直到你把一切能做的努力都完成，否则不要轻言放弃。

勇敢地跨出脚步

1947年，莱斯特·伟门（Lester Wunderman）被他在纽约工作的广告公司开除了。但这个年轻人清楚地知道，自己要向老板马克斯·塞克海姆（Max Sackeim）学习的地方还有很多。第二天早上，莱斯特照常回到办公室工作，但完全没有薪水。整整一个月的时间，塞克海姆都当作没看见他，但最后塞克海姆终于按捺不住了，去找莱斯特："好吧，算你赢了！我从没有见过有人要一份工作比要钱还要坚决。"

莱斯特继续努力从事广告业，后来成为20世纪最有成就的广告人士之一。他在业内被称为"直销之父"。

今天所大胆迈出的一步，正是到达明天美好前景的关键所在。

第十一章

倾听：用耳朵与他人的心灵相连
Listening

领袖的耳朵，必须与人们的声音共鸣。

——伍德罗·威尔逊，美国第28任总统

一位好的领导者能够鼓励其追随者，告诉他所需要知道的事情，而不是他喜欢听的话。

——约翰·C.马克斯维尔

她说得很多，但听得更多

如果让你列出美国最具影响力的人，谁会上榜呢？总统肯定在其列，艾伦·格林斯潘（Alan Greenspan）也许应该上榜。迈克尔·乔丹（Michael Jordan）也会出现在名单中，他是全世界最熟悉的面孔。你也许还会推荐比尔·盖茨。好好想一想还有哪些人能够上榜。现在，我要为你的榜单中加上一个你可能还没想到的名字：奥普拉·温弗瑞（Oprah Winfrey）。

1985年，奥普拉还没有什么名气，她在史蒂文·斯皮尔伯格（Steven Spielberg）的电影《紫色》（*The Color Purple*）中出演，此外还在芝加哥主持了一个地方性的脱口秀节目，大约一年之久。她所取得的成就可以归功于她说话的能力。"与人沟通是我创造自我价值的方式。"她在小时候就因为自己优秀的沟通能力而受到称赞，"我记得我两岁时，有一次我在教堂讲话，听到别人说：'那孩子真会说话，说得真好'。"

但是比起说话，奥普拉的确倾听得更多。事实上，她的倾听能力是她最突出的品质。她是一个好学之人，而她的倾听能力始于她从许多作家的笔下吸收到的智慧。她阅读许多小说与传记，了解别人的感觉与思想，在这个过程中，她也更加了解自己。

这种乐于倾听别人的好习惯，让她在职业生涯的每个方面都获益良多。

这种倾听的品质在她的电视节目中也很显而易见。她不断观察并倾听来寻找能够上节目的素材。当她邀请名人、作家或专家学者上节目的时候，她总是真诚地倾听对方谈话。著名歌星麦当娜曾经这样评价奥普拉："她成为公众人物很长时间了，但是她与公众的关系一直很好。我真不知道她是怎么做到的。"其实，奥普拉能做到这一点就是在于其善于倾听。

奥普拉的倾听能力给她带来了非凡的成就与惊人的影响力。她是全世界娱乐圈中收入最高的人之一，身家高达五亿美元。单单在美国，曾有每周3300万人收看她的节目。

尽管她的节目非常成功，但是她最近考虑过停掉这个节目，将其改头换面。关于改变，她是如何决策的呢？她询问了员工的意见。

"我们作出的改变不一定要产生多大的影响，"她告诉员工们，"在这个节目中作出改变，就像在我们在生活中作出改变一样，是充满乐趣的。让我们来寻求突破吧，我们可以做些什么来让节目更加有趣呢？"

她起初对于一位员工提出的点子有很多疑问。但是她依然选择去倾听，试一试这个点子。这是一个关于成立图书俱乐部的想法。你可能知道，这个想法后来实现了，成千上万的观众通过阅读学到知识，得到成长，很多人在离开校园之后还是第一次读书。奥普拉对这感到十分开心，她的人生目标就是让别人的生活更有价值。而她的成功来源于她选择倾听。

培养自己倾听的能力

在《领导力21法则》中，我曾经指出："领导者深知，得人之前必先得其心。"这就是"亲和力法则"。但是在领导者赢得人们的心之前，他们先要了解人们的想法。而这就要靠他们去倾听。

无能的领导者往往不愿意倾听。管理学大师彼得·德鲁克认为，管理中出现的所有问题中，60%来源于沟通不畅。而我认为，沟通不畅的主要原因在于不愿意倾听。

在你的耳边总是能听到很多声音，希望得到你的关注。当你思考如何花时间去倾听的时候，要记住选择倾听有两个目的：与人沟通；向人学习。因此，你的耳朵应该朝着以下的这些人。

1. 你的追随者

让人愿意追随左右的优秀领导者，在与追随者打交道时，不仅仅只是关注事情本身的成效，也会花工夫去观察每个人的品质。菲利普·斯坦霍普伯爵（Philip Stanhope，Earl of Chesterfield）认为：“比起你答应他们的请求，许多人更希望你能够好好听完他们的话。”如果你习惯于只听取事实而不关心传达事实的人，那么你应该改变一下你的关注焦点，学会真正地去倾听。

2. 你的客户

印第安谚语有云：“倾听那些耳边细语，你便不用再忍受日后的咒骂。”我常常惊讶于一些领导者，他们沉浸于自己的想法，却从不听取客户的关切、抱怨或是建议。比尔·盖茨在他的《未来时速》（*Business @ the Speed of Thought*）一书中提到：“顾客的不满总是件头疼的事，但是这也能给你带来无穷的商机。”优秀的领导者总是把客户放在第一位，与客户保持联系。

3. 你的竞争对手

山姆·马克威（Sam Markewich）曾说过：“如果你不同意我，就表示你根本没倾听。”虽然这句话是他开的玩笑，但是可悲的是，当一个领导者将其他组织视为竞争对手时，他会专心做好自己的事情，巩固自己的事业，而忘了从别人身上学习好的地方。

著名主持人拉里·金（Larry King）说过：“我每天上午都提醒自己，今天我自己所说的话，没有一句能够教会我什么事情。所以如果我想要学习，我就必须去倾听。”作为一名领导者，别人的行动并不能左右你的行动，但是你还是必须去倾听，去学习吸收那些能够提升自己的事情。

4. 你的导师

没有一位领导者可以老练到不需要向导师学习。我曾经向那些比我经验更丰富的前辈学习到很多宝贵的经验，包括我的父亲梅尔文·马克斯维尔（Melvin Maxwell），埃尔默·汤斯（Elmer Towns）、杰克·海福德（Jack Hayford）、弗雷德·史密斯（Fred Smith）、J.奥斯瓦尔德·桑德斯（J.Oswald Sanders）。如果你还没有一位导师，那么赶快去找一个！如果你找不到能够亲自指导你，那么可以先阅读书籍。我的学习的过程也是就是从看书开始，但重要的是赶快开始你的学习之路。

自我反思：什么阻碍了你的倾听

你善于倾听吗？我自己在一开始踏上领导岗位的时候，并不善于倾听。当时我正忙于做自己的事情，希望能够完成事情。但是当我放慢脚步，关注我周围的人和事，我发现我的行动更加敏锐，取得的成就也更多。

你上一次真正关注别人的所做所言是什么时候？只是关注事情本身是不够的，请你开始尝试着去倾听他人的感受、含义与思绪吧。

给不善倾听者的"处方"

要改善你的倾听能力，就要做到以下几点。

1. 改变你的工作安排

你是否安排时间去倾听来自你的追随者、客户、竞争对手以及前辈导师的意见和建议呢？如果在你的日程安排中没有将以上四者纳入其中，那就说明你可能还没有给予他们足够的重视。提笔开始规划吧，可以每天、每周，或是每月听取他们的意见和建议。

2. 在对方的领域与其沟通

要想善于倾听他人，就要找到共同话题。下次你和属下或是客户见面的时候，规定自己问对方四到五个关于他们个人的问题。了解对方，找到共同点，这样可以帮助你与其建立联系。

3. 倾听弦外之音

当你与人交流的时候，你肯定集中注意力去听对话中的事实内容，但别忽略情感层面的内容。有时候如果你能听出言外之意，就更能了解事情的真相。在接下去的几天或者几周里，好好用心倾听。

从今天开始倾听

　　西奥多·罗斯福总统是一个勇于付诸行动的人，同时他也是一个懂得倾听的人，他非常重视别人身上是否具备善于倾听的品质。有一次在宴会上，他对于别人对他生硬的恭维感到厌烦。所以他开始微笑，和人们说："今天上午我杀了我的奶奶。"大多数人因为要会见总统而十分紧张，没有听清他在说什么。但是有一位外交官听见了，他把身子靠向总统，和他悄悄说："我就知道你早晚会对她动手。"

　　想要不遗漏任何信息，唯一方法就是要学会倾听。

第十二章

激情：炽热，方能成功！
Passion

如果一位领导者满怀激情对待人们，人们也会以同样的热情对待他。

——约翰·C.马克斯维尔

每个人都可以游戏人生，但是一旦你决定全力以赴，你的血液里就会充满着奇特的东西，没有人能够阻挡你。

——比尔·科斯比，喜剧演员

天生的"比萨饼大王"

在我最初撰写《领导力21法则》一书时，我以"棒！约翰"比萨（Papa John's）的发家史解释"爆炸性倍增法则"。

1984年约翰·施耐德（John Schnatter）成立了该公司，最初的7年内从1家店增加到46家，在第二个7年内成长到1000家。该公司在第二个7年所取得的非凡成就可以解释"爆炸性倍增法则"，这个法则告诉我们：想要得到算术增长，就要培养跟随者；想要取得几何增长，就要培养领导者。但是在"棒！约翰"在最初的7年里的成功的关键又是什么呢？答案是激情！

约翰·施耐德不仅吃自家的比萨，他生活中的点点滴滴，就连呼吸睡觉都离不开"棒！约翰"。他无时不刻不在想着"棒！约翰"。雷曼兄弟的分析师迈克尔·斯派泽（Michael Speiser）在《成功》（Success）杂志中评价施耐德："比萨是施耐德的生命，他对待比萨十分认真。"

史纳特的哲学简洁坦率。"集中精力做你所擅长的事情，"他说，"超越所有人，做到极致。"他所擅长的事情，就是领导这个全世界成长最快的比萨店走向巅峰。而且他也享受忙碌工作的过程。

曾经他造访了他妻子安妮特（Annette）所经营的位于路易斯维尔市中心的一家加盟店，当时他发现这家店门庭若市，有些忙不过来。当时他是怎么做的呢？他立马进了厨房，帮忙做了一个半小时的比萨。这是他所喜欢做的事情。他每周要去分店视察四到五次，而且经常搞"突然袭击"，为的是确保他视察时所有事情都保持原样。

"22岁时我说我的梦想是自己开比萨连锁店，当时人们都说我疯了。"施耐德回忆道，"当时我和原料供应商、银行，以及一些朋友说我一个月就要开五六家分店，他们都笑话我。"现在他平均每个月能开30家新店，也就是说一年里每一天都会开出一家新店，让人不禁称道。

然而，他觉得速度还是不够快。后来"棒！约翰"在墨西哥开了一家新店，施耐德希望能将业务扩展到委内瑞拉、波多黎各以及其他的国家。在"棒！约翰"成为全世界最大的比萨饼连锁店之前，他似乎都没有停下脚步的念头。他很可能取得这样的成就，因为他十分热爱他的事业，希望能够为之付出一切。

激情是成功的重要要素

专家们花了许多时间想要研究出成功人士成功的原因。通常他们关注成功人士的学历、智力、教育背景以及其他的因素。但是比所有东西都来得重要的是人们是否拥有激情，因为激情能让其与众不同。RCA公司的大卫·沙诺夫（David Sarnoff）认为："如果一个人不热爱他的工作，他就不可能取得成功。"

如果你审视一位卓有成效的领导者，你会发现他通常不符合某一个固定的模式。比如说，超过一半的世界500强的CEO在大学时的成绩都只有C甚至是C-；超过75%的美国总统在学校的成绩是在平均水平以下的；超过一半的百万富翁没有大学毕业。是什么让这些看上去平庸的人创造伟大的事业呢？答案就是激情。在领导者的一生中，没有什么可以取代他们似火的激情。

看看以下四方面有关激情的事实，它对你成为领袖可能产生的影响。

1. 激情是迈向成功的起步

你的心愿将决定你的大半生。想一想这些伟大领袖，你会被他们的激情所震撼：甘地为了人权；丘吉尔为了自由；马丁·路德·金为了平等；比尔·盖茨为了科技。任何一个过着超凡生活的人都有他的欲求。这在任何领域都是样：软弱的欲求产生不了出众的结果。就像一个小火把只能带出微弱的光热。你的火焰越烈、欲求越强，你潜在的愿景就越大。

2. 激情能增强你的意志力

有这样一个故事：一位没有激情的年轻男子来到希腊哲学家苏格拉底面前，漫不经心地说："伟大的苏格拉底啊，我特意为寻求知识来找您。"

哲学家带着这位青年来到海边，涉水下到海中，把青年压入水中30秒。当青年抬头出水呼吸时，苏格拉底再次问他来寻找哲学家的目的。"噢！伟大的前辈，我要知识。"青年喘着气回答。苏格拉又把他压进水里，不过这一次更久一些。经过几番上上下下的吸气、闭气之后，哲学家又问道："你到底想追寻什么？"青年几乎喘不过气地蹦出一句话："空气，我想要空气。""很好，"苏拉格底说道，"从今天开始，只要你追求知识的心像渴望空气一样强烈，你就会得到它。"人们心中的激情是无可取代的，它是意志力的燃料。如果真的想要去做某件事情，你就会产生足够的意志力去完成它。而要产生那样的欲求，唯一的办法就是培养你心中的激情。

3. 激情能够改变你

如果你决心追随自己的热望，而不是别人的期望，那么，你一定会变成一个更愿意付出代价、更有创造力的人。这也会使你对人的影响力大大增加。最后，你的激情将会比你的个性更能影响他人。

4. 激情使不可能变成可能

造物主所创造的人类，其品质之一，就是当一颗心被燃烧起来时，"绝望"就消失踪迹了。你心中的一把火能够将生命中的每一部分都加热，这也是为什么激情洋溢的领袖总是具有感染力。一个拥有强烈的激情但缺少技巧的领袖，远远胜过一个有很强的技巧但缺乏激情的领袖。

自我反思：激情是你气质中的一部分吗

虽然激情有这么巨大的力量，但是，在我们的社会中，许多人仍然视之为可有可无的东西。社会学家托尼·坎波罗（Tony Campolo）认为："我们现在正处于一个过分看重物质的时代，不仅如此，我们的感情也在逐渐退化乃至坏死。我们不再自由唱歌，不再手舞足蹈，甚至人类在犯罪的时候也带着几分懒洋洋的样子，缺乏生命力。"

激情是你气质中的一部分吗？你每天一睁眼会觉得热情饱满吗？每周的第一天是你最喜欢的一天吗？还是说你一直都盼着周末，每天梦游般的例行公事？你上一次因为一个好点子兴奋得睡不着是什么时候？

如果激情并不是你的一个品质，那么你恐怕还无力承担领导者的职责。事实上，如果做一件事情时，连你自己都对其感受不到激情，你也就无法领导别人去完成它了。如果你的心中没有"一团火"，在你的组织中你也无法形成燎原之势。

点燃你激情的"处方"

想要提升你的激情，就要做到以下几点。

1. 评估你的激情

你对你的生活和工作有多大的激情呢？这激情能体现出来吗？可以向几个同事以及你的爱人问一问他们怎么评价你的激情程度，作出客观的评估。如果你不相信激情可以改变你的生活，那么你也就不再有激情了。

2. 回归最初的挚爱

许多人都被自己的生活以及周遭环境带离轨道。想想那些你刚刚开始工作的时光，甚至想想自己的孩提年代，是什么让你兴奋不已，是什么让你通宵达旦？试着找回往日的激情，用这份最初的挚爱来重新审视你的生活与工作。

3. 多和充满激情的人来往

物以类聚，人以群分。这话听上去有些做作，但事实就是如此。如果你失去了心中那团炽热的激情，那就找一些能够点燃火焰的人。激情是有感染力的，所以安排一些事情，和那些能用激情感染你的人多打打交道。

前人可以作为借鉴

比利·米切尔将军（General Billy Mitchell）是一位美国军官，1916年被派到一个空军单位，在那里他学会驾驶飞机，而这也成为他一生挚爱的事情。虽然空战在第一次世界大战中的作用不突出，但是他还是看到了空军在军事作战中的巨大潜力。战后，他开始致力于游说军队成立空军。他提供了许多的案例，示范飞机在战争中能起到的作用，但是他遇到了重重阻力。他屡败屡战，陆军甚至在1925年对他施行了军法，这使他在一年之后不得不辞职。直到第二次世界大战后，他才被证明无罪。

在他去世以后，才被追授荣誉勋章。他愿意为他认为对的事情付出任何代价。你呢？

第十三章

积极的心态是一切成功的前提
Positive Attitude

我们这代人最大的发现就是：人类可以通过改变自己的心态，来改变自己的一生。

——威廉·詹姆斯，心理学家

所谓成功的人，就是能够用别人向他投掷的砖块，为自己建造一个稳固的根基。

——大卫·布林克利，电视记者

人类千年历史的第一人

美国《生活》杂志将他提名为"过去一千年来，对人类最有贡献的人"。他一生所创造的发明高达1093件；他也是世界上拥有专利最多的人，连续65年里每年都有一项新专利。他还成立了现代化的研究实验室。他就是托马斯·爱迪生。

大部分人把爱迪生的能力总结为他的创造天赋。他自己则总结为"勤奋"。他说过："天才，就是99%的汗水和1%的天赋构成的。"但我认为爱迪生的成功还有第三个因素：积极的心态。

爱迪生是一个乐观主义者，总能看到事情的好的一面。"如果我们做的事情都是我们力所能及的话，"他说，"我们会赞叹自己的。"爱迪生曾经为了找到制作白炽灯的材料实验过一万次以上，但他从不把这些实验看作是失败。通过每一次尝试，他了解到失败的原因，让他离正确的方案更近了一步。通过他的话我们可以看出他的信念："许多人的失败，在于当他们选择放弃的时候，不知道他们其实已经很接近成功了。"

爱迪生的积极心态可以从他60岁时，对待一件不幸的事情的方式上体现出来：他在新泽西州西奥兰治建造了一个举世闻名的大型实验室。他称这个有着14栋楼的园区为自己的发明工厂。其主楼十分庞大，比三个足球场还大。在园区里，他和他的员工一起构思发明、开发模型、制造产品并运送给顾客，这也成为了现代研究与生产的模式。

爱迪生深爱着这个实验室。他几乎把所有时间都花在了这个园区里，甚至还睡在实验室的桌上。但是在1914年12月的一天，他所深爱的实验室着火了。据说当他站在实验室外，看着这座心爱的实验室熊熊燃烧的时候，他还对孩子说："孩子们，快去叫你妈过来看。她再也看不到这么壮观的大火了。"

换作是其他人可能早就崩溃了。但是爱迪生没有。"我今年67岁，"他在这场悲剧后说，"但是还没老到无法从头开始。这样的事情我经历得很多了。"他重新建造了实验室，在实验室里又工作了十多个年头。"我有很多好点子，但是我却没有时间实现它们，"他说，"我真想活到100岁啊。"他在84岁时与世长辞。

乐观开朗的品质

如果爱迪生没有积极的心态，他不可能成为如此成功的发明家。每个行业里取得长期成功的人，纵观其一生，必定始终秉持着乐观开朗的品质。

如果你渴望成为一名卓有成效的领导者，积极的心态是必需的。这不仅关系到你对自己的满意程度，还影响到别人对待你的态度。想要知道什么样才是乐观，可以看看以下几点。

1. 你可以选择你的心态

普通人想要别人来鼓舞自己，这样的人总认为四周的环境必须为他的想法负责。但是以下两者何为先呢，是自己的心态还是周遭的环境？这就像"鸡生蛋，蛋生鸡"的问题。事实上，二者何为先并不重要。无论你过去经历过什么，你要选择什么样的心态是当下之事。

心理学家维克多·弗兰克尔（Viktor Frankl）认为："人类最不可

能被剥夺的自由，就是在什么情况下都能选择我们的心态。"他说这番话绝不是信口开河。第二次世界大战中，弗兰克尔曾被关押在纳粹的死亡集中营里。他经历了无数的磨难，但还是不让自己沉沦。如果在那种坏境下他都能保持一个好心态，那么你也一定能做到。

2. 态度决定行动

家庭生活专家丹尼斯·维特利（Denis Waitley）说过："赢家的优势并非其天赋异禀、智商高于常人，或是才能出众。其优势在于心态，而非能力高低。心态好坏是成功与否的准则。"你的心态十分关键，因为这影响着你的行动。

3. 你身边的人反映着你的心态

我经常惊讶地发现，有些人心态很差，但是却希望周围的人乐观向上。但是《领导力21法则》一书中的"吸引力法则"指出，你只能吸引和你相似的人。

纵观爱迪生的一生，你会发现爱迪生积极的心态与热情并非仅仅让他自己动力十足，而且也感染着其他人勇往直前、取得成功。他有意地将自己乐观的心态传递给其他人。他曾经说过："如果我们只能留给我们孩子一样东西，我们选择了我们的热情，那这对于他们来说便是无价之宝。"

4. 保持良好的态度比从头开始来得容易

在《地球与祭坛》（*Earth and Altar*）一书中，尤金·毕德生（Eugene Peterson）写道："怜悯之心是人类最高贵的品质之一，但自我怜悯却是最不高贵……因为它会让你心灵受伤，丧失信心，扭曲对真相的判断能力。它就像个毒品，让上瘾之人丧失自我。"

如果你已经是个积极向上之人，我希望你能继续保持。如果你很难对自己和他人展现出自己最好的一面，也不用气馁。因为选择自己心态的人是你，所以你就可以作出改变。

自我反思：你会容易消沉吗？

英国著名的心脏疾病医生马丁·罗伊德-琼斯（D.Martyn Lloyd-Jones）说过："生命中不快乐的事，有一多半源于你盲从了自己的感觉，而没有发挥驾驭你自己的能力。"你应该听从什么样的声音呢？当你和其他人见面的时候，你是否告诉自己对方会让自己失望呢？当你面对新的事物时，你的脑海中是否有一个声音在告诉你"你一定会失败"呢？如果你只是接收到消极的信息，你就需要试着给自己一些积极的鼓励。训练我们心态的最好的方法，就是避免你的内心在消极的路上越走越远。

让自己变得正向积极的"处方"

要改善自己的心态，不妨尝试以下几点。

1. 吃一些积极的精神食粮

如果你缺乏积极的信息，那么你就需要开始按时地摄入一些积极的精神养料。读一些能够鼓励自己有个好心态的书，听一些激励人心的录音带。你越是消极，你要转变自己的心态所花的时间就越长。但是如果你能够持续摄入正面的精神食粮，你就能成为一个有积极心态的人。

2. 每天完成一个目标

一些人陷入低沉消极，往往是因为他们在自己的领域毫无进展。如果这说的就是你的话，那就开始设定你每天可以完成的目标。这样每天完成目标而带来积极的心态，一旦形成一种习惯，你就会养成积极的心态。

3. 将鼓励自己的话语挂在墙上

我们都需要东西来提醒自己，帮助我们保持积极的心态。美国作家亚历克斯·哈利（Alex Haley）曾把一幅画挂在自己的办公室，画中是一只乌龟卡在围墙上，以此来提醒自己，任何人都需要别人的帮助。人们通常把自己赢得的奖状、励志海报或是感谢信挂起来，以此来鼓励自己，所以你也可以尝试找一些能鼓励自己的东西挂在墙上。

输赢在一念之间

当你看职业运动员比赛的时候，你会感叹他们有着非凡的运动天赋。但是，让他们达到最好的境界的是他们的内心。比如说，历史上最伟大的女运动员之一，传奇的网球巨星——克里斯·埃弗特（Chris Evert），她曾经赢得18次网球大满贯冠军，胜负比达到1309:146。在她17年的职业生涯中，她的排名从未低于世界第四。她对此的评价是："好运动员与伟大的运动员的区别在于心态——整场比赛的胜负往往在两三分之间，但是你是否把握了这关键的两三分，这就决定了你是否能取得胜利。如果你的内心强大，你就能赢得一切。"

你的内心是否已经强大到能赢得你面前的关键分数呢？

第十四章

解决问题的能力：
面对挑战性的问题时，要挺身而出
Problem Solving

你可以从一位领导者所要解决的问题，看出他能力的高低。人们往往选择处理与自己能力高低相符的难题。

——约翰·C.马克斯维尔

衡量一个人成功的标准，不在于其是否正面临困难，而是这些难题是否反复出现。

——约翰·福斯特·杜勒斯，美国前国务卿

沃尔玛的奇迹

　　全球最具规模的大型连锁超市沃尔玛的创办者山姆·沃尔顿（Sam Walton）曾经遭受过很多批评，这些评语包括"美国小乡镇之敌"和"市区商店毁灭者"等。的确，许多小商店在沃尔玛的成长过程中被迫关门转业，沃尔顿也坦承，有些人总是想着把这种转变的现象套上有争议性的控诉，比如呼吁"拯救小镇商人"，搞得好像这些商人是濒临灭绝的鲸鱼或白头鹰。事实上，沃尔顿原本就开着一家小镇商店，而且正是那种日后因为沃尔玛的出现而逐渐消失的小店。唯一的不同在于沃尔顿是一个出色的领导者，能够紧跟潮流，解决问题，作出改变，而非眼看自己的生意倒闭。

　　山姆·沃尔顿出生于俄克拉何马州的金菲西尔，在密苏里州的哥伦比亚长大。他在高中时便展现出其领导才能：成功当选学生会主席；担任橄榄球队的四分卫并率领球队一路披荆斩棘，勇夺州冠军；还以五英尺九英寸的身高加入篮球队，同样率领球队夺得了州冠军。

大学毕业后，沃尔顿工作了几年，在第二次世界大战期间加入了美国陆军。退伍后，他选择了零售业这个他热爱的行业开始工作。他和他的妻子在阿肯色州的本顿维尔定居，并开了一家店，叫作"沃尔顿五毛杂货店"，这就是沃尔玛的前身。

　　沃尔顿的生意蒸蒸日上，一方面是因为他辛勤工作，另一方面也因为他极具远见地采取了顾客自选的方式，这在当时是一个新的概念。他努力工作，不断扩展业务。到了1960年，沃尔顿有了15家分店。但是就在这个时候，沃尔顿的竞争者赫伯·吉布森（Herb Gibson）把折扣店的模式引入了阿肯色州西北部。这给沃尔顿的杂货店带来了直接的竞争。

　　"我们当时真的只有两个选择，"沃尔顿在自己的自传《富甲美国》（*Made in America*）中说道，"继续留在杂货店领域，等待折扣店的浪潮到来将我们击沉；或是也开一家折扣店试试。于是我开始跑遍全国，研究折扣店的模式。1962年7月2日，我们在阿肯色州的罗杰市开了第一家沃尔玛，沿着本顿维尔的公路走下去就到。"

　　不久沃尔顿就开了新的分店。比起当时的其他连锁店，比如卡马特、塔吉特、沃柯等，沃尔玛的规模还比较小，但是增长势头迅猛。不过紧接着就出现了新的问题。沃尔顿意识到需要改进商店的布局以及分销系统。他和他的属下通过建立中央分销中心解决了这个问题。沃尔玛实现了电脑化管理，使得他们可以大量进货，了解每一家分店的需求，快速高效地为分店进行配销。但问题总是处理不完，沃尔玛建立新的分销中心所花费的设备与建设成本给他们带来了沉重的债务。直到1970年，随着沃尔玛上市，这个问题才随之解决。

1992年，沃尔顿去世时，沃尔玛已经有了1700家分店，遍布美国的42个州，还进军墨西哥市场。山姆·沃尔顿这位小镇杂货店主，日后成为了美国最大的零售商。而且，在他去世以后，沃尔玛仍在继续成长，其领导层成功解决了沃尔玛及其旗下的山姆会员店所面对的问题，不断乘风破浪。

什么才是解决问题的能力

像山姆·沃尔顿这样卓有成效的领导者总是能昂首面对问题。这就是成功者与自怨自艾者的一个区别。其他零售商总是抱怨其所面对的竞争，而沃尔顿能够勇敢面对困难，运用创意与毅力解决问题。

无论领导者从事的是什么领域，他总要面对问题。问题的出现是不可避免的，主要缘于以下三个原因：第一，我们生活在一个越来越复杂、越来越多样化的世界；第二，我们要和人接触互动；第三，我们无法控制我们面对的所有状况。

能够出色解决问题的领导者常常体现出以下五点品质。

1. 他们能够预知问题的出现

既然问题的出现不可避免，那么优秀的领导者就应该预料到问题的出现。任何觉得前方的路是一片坦途的人，最终都会发现自己身处荆棘之中。我曾经听过大卫·利文斯顿（David Livingstone）的故事，这位前往非洲的传教士，诠释了领导者所需的这种心态。有一次，一个传教机构要给利文斯顿派去人手，所以机构的负责人写信给利文斯顿："你所在的地方修好路了吗？如果修好了的话，我们就给你派人。"

利文斯顿回复道："如果你要派来的人只想去修好路的地方，那我看他们还是不用来了。我要的人应该在没有路的地方也能展开工作。"如果你心态积极，做好了最坏的打算，那么你就会发现问题到来的时候自己能够应对自如。

2. 他们能够面对现实

人们面对问题通常有三种反应：第一，拒绝接受困难；第二，勉强接受困难，费力地挺过去；第三，接受困难，并化弊为利。领导者必须做到最后一项。

播音员保罗·哈维（Paul Harvey）说过："面对困难的时候，记得提醒自己，之前这些困难我都遇到过。"没有一个领导者可以一边把头埋在沙子里，一边率领自己的属下披荆斩棘。卓有成效的领导者总是能够面对现实。

3. 他们能放眼全局

领导者要始终从大局出发。他们不能受情绪干扰，也不能被细枝末节影响而忽略了更重要的事情。作家阿尔弗雷德·孟塔培（Alfred A.Montapert）说过："大多数人眼中只有阻碍，而少数人专注于目标。历史只会为后者的成就而书写，而前者就销声匿迹。"

4. 他们往往一次只解决一个问题

理查德·斯洛马（Richard Sloma）曾经提出过他的建议："别想着一次性能解决所有问题，排好顺序，然后一个一个解决。"

陷入困境的领导者往往会为过多的问题而疲于奔命，不能很好地解决问题。如果你面对许多问题，请确保你解决了一个问题再去解决下一个。

5. 他们即便陷入低潮也不会放弃主要目标

卓有成效的领导者明白人生有潮起潮落。他们在情况乐观的时候作出重大决定，而陷入低潮时就避免大动作。美国橄榄球球星鲍勃·克里斯蒂安（Bob Christian）说过："我从不在赛季训练中的艰难时刻考虑退役的事情。"他知道在自己陷入低潮的时候不要作出放弃的决定。

自我反思：你是否拥有解决问题的能力

作家乔治·马修·亚当斯（George Matthew Adams）说过："你脑中的想法，比生命中其他事情都来得重要，包括你赚多少钱、住在哪里、社会地位高低以及别人对你的看法。"透过每个问题，你都能更清楚地认识自己。你会知道你的思考方式以及你真正的自我。

当你面对问题的时候，你如何反应？你是否忽略它，指望他能尽快消失呢？你解决问题的时候是否觉得无所适从？在你过去解决问题的时候，是否有过不好的经历，从而就放弃解决了呢？

还是说你愿意面对问题、解决问题呢？卓有成效的解决问题的能力基于自己面对问题、解决问题的经验。每当你将解决一个问题，你都进步一点。但是如果你放弃尝试，那么你永远解决不好问题。

让你提升解决问题能力的"处方"

要提高解决问题的能力，你可以尝试以下几点。

1. 寻找问题

如果你一直在逃避问题，现在你就尝试着主动寻找问题。只有你试着解决问题，你才能取得进步。找一些需要改进的状况，提出几个可行的方案，把这个方案提交给一个善于解决问题的领导者。你可以从他的解决问题的思考方式中学到不少。

2. 开发一套模式

一些人不善于解决问题，其原因在于他们不知道怎么去解决。可以试试下面这个TEACH模式：

TIME（时间）：花点时间找找问题所在。

EXPOSURE（接触）：看看别人如何解决。

ASSISTANCE（帮助）：你的团队有不同角度。

CREATIVITY（创意）：试试头脑风暴，提出多种方案。

HITIT（行动）：执行最佳方案。

3. 与解决问题能手结交朋友

如果你不善于解决问题，那就找一个高手进入你的团队。他们能迅速与你互补，你也能从他们身上学到不少。

难倒人的不是困难，而是他们自己

拳击手吉恩·唐尼（Gene Tunny）曾经击败杰克·邓普西（Jack Dempsey）夺得世界重量级拳王。许多人不知道的是，当唐尼刚开始涉足拳击的时候，他十分善于出重拳。但是就在要转入职业拳手之前，他的双手不幸骨折。医生和经纪人都告诉他，他不可能夺得世界冠军。但是这些都没能阻挡他前进。

唐尼说："如果我无法以重拳赢得冠军，那我就以巧制胜。"他不断学习，后来唐尼成为了全世界技巧最好的一名拳击世界冠军。

请记住，永远不要让其他人阻碍你的梦想。

第十五章

人际关系：如果你易于相处，人们就愿追随你左右
Relationships

成功的秘诀中，最重要的一项，就是懂得如何与人相处。

——西奥多·罗斯福，美国总统

人们想要先了解你有多在乎他们，然后才在乎你知道多少。

——约翰·C.马克斯维尔

最佳良药

如果你不是医生，你可能从不会听说威廉·奥斯勒（William Osler）这个人。他是一名医生、大学教授及作家。直到他1919年70岁的时候去世，他一直一边行医，一边教学。奥斯勒的书《临床内科学原理》（*Principles and Practice of Medicine*）影响了英语国家、中国以及日本的医师教育长达四十年之久。这还不算是他对世界最大的贡献，医学界认为奥斯勒最大的贡献是将心脏医学带回临床医学领域。

奥斯勒从小就体现出对领导力的喜好。他生来就是个领袖，在学校的时候就很有影响力，他总是能向别人展现出一种神奇的能力。

奥斯勒所做的每一件事都体现出构建人际关系的重要性。当他长大成为一名医生，他创建了美国医师协会，这样职业医师就能聚在一起，交流信息，互相帮助。作为一名老师，他也改变了医学院的课堂授课模式，将学生从枯燥乏味的课堂带到医院病房，与患者接触。他认为学生应该先从患者那边开始学习，而患者就是医学学生最好的老师。

除此以外，奥斯勒最热衷的事情，就是教导给这些未来的医生爱心和怜悯之心。

有一次他和一群学生说：

> 在一般人的心中都有一种强烈的感觉，认为医生似乎是献身于科学而非人类。我们关心疾病以及医学知识超过患者本身……我要呼吁各位在行医的过程中，多去关心患者的身心……就好像对待苦难无助的同胞。我们看见了人类本质的脆弱及有限，唯有保持内心的柔软温和，才能使我们不会对受苦中的人产生自傲的偏差态度。

奥斯勒对人的热爱及重视人际关系的程度，可从1918年流行性肺炎爆发时他对病人的处理方式看出。当时，他多半只在医院中看病，但是由于流行性肺炎的普遍及严重，他也动身到许多患者家中做诊疗。一位小女孩患者的母亲回忆道："奥斯勒每天来探访两次，轻声和小女孩谈话、玩游戏，同时在交谈中观察孩子的病情。"

在得知孩子的生命即将走到尽头之后，有一天，奥斯勒带着一朵从自家庭院摘下来的、包装非常精美的玫瑰花，来到小女孩的床边。他向孩子解释，即使美丽的花朵也无法如愿长留原地，它终究要去到一处新家，小女孩似乎深受这份礼物及他的话所安慰。几天之后，这个小女孩安然离世。

一年之后，奥斯勒医师也去世了，他的英籍同事们是这样描述他的：

虽然已经算是长寿，但在历史留下英名的同时，这位伟大医师的过世仍然是人类的一大遗憾。对我们而言，他一直是良友，他以真挚的友谊触摸了我们，他对每一个人发自内心的诚恳，是无人可比的……从他的本质及对友谊的执著，奥斯勒医师贡献了他杰出的才华。

什么才是良好的人际关系

对于卓有成效的领导者来说，与人一道工作并建立良好的人际关系绝对是必不可少的。1991年5月的《女性经理人》（*Executive Female*）作的一份调查统计中指出，雇主对员工最重视的三个特质里，第一重要的就是与人相处的能力：84%的雇主最看重人际交往能力；而只有40%的雇主把教育程度与工作经验排在前三。如果连员工都需要好的人际交往技巧，对于领导者来说这有多重要就可想而知了。人们只会和那些好相处的人相处。一个人可以拥有良好的人际关系而不成为领导者，但是他永远无法成为一个不懂得与人相处的领导者。

作为一名领导者要如何经营并培养自己的人际关系呢？至少需要做到以下三件事。

1. 拥有领导者的头脑——了解他人

善于处理人际关系的领导者首先需要具备的能力就是要了解别人的感受与想法。当你与人共事时，需要明白，所有人，无论是领导者还是属下，都有以下的共同点：

> 他们希望自己与众不同，所以你需要真诚地表扬他们；
>
> 他们希望有个美好的未来，所以你要向他们展现希望；
>
> 他们希望了解方向，所以你需要为他们领航；
>
> 他们关心的是自己，所以你需要优先关注他们的需求；
>
> 他们有时会陷入低沉，所以你需要鼓励他们；
>
> 他们渴望成功，所以你要帮助他们取得胜利。

领导者在了解这些事实之后，还必须把每个人都当作独立的个体。把每个人看作独立个体，了解他，和他交往，这是建立良好人际关系的重要因素。这就意味着对待他人不能一概而论。营销专家罗德·尼科尔斯（Rod Nichols）把这一点看作商业中十分重要的一点，他说："如果你对待每一个客户的方式都是一样的，那么你只能做成25％到30％的生意，因为你只能和同一种性格的人建立往来。但是如果你掌握了和所有四种性格的人相处的本领，你就可以做成100％的生意。"

这方面的敏感度也被称作领导力中的软性因素。你需要针对不同的属下调整你的领导方式。

2. 拥有一颗领导者之心——关爱别人

帝凡电脑公司（Difinitive Computer）董事长兼CEO亨利·格鲁兰（Henry Gruland）说过："要成为一名领导者，仅仅想要在职位上成为领导者是不够的。领导者需要对别人有同情心，并发掘他们身上的潜力，而非揭他人短处，这都要通过关爱他人才能做到。"

如果你不关爱他人，你就无法成为别人真正愿意追随左右的、卓有成效的领导者。爱因斯坦（Albert Einstein）说过："我们生存在地球上的情况是奇特的。我们每个人都是匆匆过客，似乎有特殊的原因让我们来到这个世界上，不过我们谁也不知道。但是，我们从每天的日子里都能知道：人之所以存在，是为了其他人而存在。"

3. 伸出领袖之手——帮助他人

通用汽车公司的勒罗伊·克兹（LeRoy H.Kurtz）说："在商业界的大地上，散落着的是失败的公司的骸骨。这些公司的领导者在弥漫中腐化枯萎，只知道索取，而从不给予。他们从未意识到，企业中唯一无法被轻易取代的资产就是企业的员工。"人们尊重把员工利益放在心上的领导者。如果你关注的是对他人给予多少而不是索取多少，那么他们就会敬爱你——这就是构建人际关系的良好基础。

自我反思：你的人际关系怎么样

你的人际交往能力如何？你和陌生人打交道的能力怎么样？你是否能和所有类型的人都相处融洽？你能轻松和人找到共同话题吗？你和认识时间久的人相处得如何？你能够维持人际关系吗？

如果你的人际关系处理得不好，那么你的领导力也就会大打折扣！

改善人际关系的"处方"

要改善人际关系，需要做到以下几点。

1. 改善自身的心智

如果你理解他人的能力不足，那么你就需要读以下几本书来提高自己。我推荐戴尔·卡耐基、艾伦·罗·麦金尼斯（Alan Loy McGinnis）和拉·斐洛特（Les Parrott III）的著作。再多花些时间观察他人，和他们交谈，把书中学到的知识运用于实际。

2. 强化你的内心

如果你对他人关心不够，那么你需要把注意力从自己身上转移到别人身上。列个清单，写下一些能够让朋友与同事受益的小事。试着每天完成一项。不要等到你想去帮助他们的时候才去做。开始行动，这样你就会有所体会。

3. 修复受损的人际关系

想一想你珍贵而长久的友谊是否正在消退。想办法重塑这段友谊，试着和这位朋友取得联系。如果你正在与一位朋友交恶，那就主动承担你的责任，向他道歉。尝试着去理解他、关爱他、帮助他。

人心渴求和睦相处

诺贝尔文学奖获得者海明威（Ernest Hemingway）在一篇名为《世界的国会》（*The Capitol of the World*）的短篇故事中提到一位父亲和他的年轻儿子帕科（Paco）的故事。这位父亲和儿子关系因故闹僵，儿子离家远走他乡，而后父亲踏上了寻子之路。最后，父亲把希望寄托在了他在马德里当地报纸上刊登的广告："亲爱的帕科，明天中午请到报社门口与我见面，我会等到你来……一切都过去了。爸爸爱你。"第二天上午，有八百多名叫帕科的年轻人站在报社门口，希望能恢复一段破碎的父子关系。

这则故事告诉我们，永远不要低估人际关系在人们生活中的力量。

第十六章

责任感：如果不带球，就永远无法带领球队
Responsibility

任何的成功都需要你承担责任……各种分析表明，所有成功者身上都有一项共同的品质，就是他们能够承担责任。

——迈克尔·科达，西蒙·舒斯特出版公司总编

领导者可以放弃所有东西，除了"责任"之外。

——约翰·C.马克斯维尔

阿拉莫的光荣历史

1835年末，一群得克萨斯起义军包围了圣安东尼奥（当时属于墨西哥）的墨西哥营地。年底，墨西哥人投降，返回南方，把营地交给起义军。这个营地之前是个教堂，名叫阿拉莫（Alamo）。这次行动引发了美国历史上一段英雄事迹。而发生在次年二三月的战役体现出起义军的勇气与责任感更被传为佳话。

在当时的阿拉莫，美国拓荒者与墨西哥军队发生战争是迟早的事。此前25年里，得克萨斯人民一直想从墨西哥政府手中取得独立。每次墨西哥军队都能赶到，镇压起义。但是这一次和过去不同。营地由183位志愿者驻守，包括退伍老兵以及拓荒者威廉·特拉维斯（William Travis），戴维·克罗克特（Davy Crockett）以及吉姆·鲍维（Jim Bowie）。他们的口号是"誓死求胜"。

二月底的时候，数千名墨西哥士兵在安东尼奥·洛佩斯将军（Command of Antonio Lopez de Santa Anna）的率领下包围了阿拉莫。当时墨西哥军队劝他们投降，但是起义军们宁死不屈。墨西哥军队又告诉他们，如果他们抵抗，就立即歼灭他们。但是起义军根本不为所动。

眼看战斗一触即发，起义军派出一位年轻人突出重围，向得克萨斯军队求救。这位年轻人叫作詹姆斯·博纳姆（James Bonham）。他趁夜深人静之时溜出营地，到95英里以外的戈利亚德（Goliad）求救，但是到他抵达戈利亚德的时候，却被告知当地没有军队可以救援。

接下去的11天里，墨西哥军队向阿拉莫展开进攻。1836年3月6日清晨，墨西哥军队攻占了这个老教堂。激烈的战斗过后，183名起义军士兵无一生还。但是他们同时也拉上600多名墨西哥士兵与他们陪葬。

那么被派去戈利亚德的年轻人詹姆斯·博纳姆怎么样了呢？博纳姆本可以就此逃走。但是他的责任心非常强，没有选择逃走，而是回到了阿拉莫，冲过敌军阵地，与他的战友一同坚守、战斗、阵亡。

虽然美国起义军在阿拉莫战败，但是这场战役成了美墨战争的转折点。"铭记阿拉莫精神"成了后来战斗中美军团结人们抵御墨西哥军队的口号。两个月后，得克萨斯人民取得了独立。

什么才是责任感

在今天的美国文化中，很难找到詹姆斯·博纳姆和他的同伴所体现出的责任感。比起责任感，人们现在更加关心自己的利益。我的朋友哈登·罗宾森（Haddon Robinson）对现在的社会状态有着自己的调侃："如果你想要发财，可以在受害者身上投资，因为这是美国现在增长最快的产业。"他指的是现在美国有数以百万计的人，通过为受害者出庭作证，对受害者进行访谈、治疗、投保以及辅导受害者来发家致富。

优秀的领导者从不认为自己是受害者，他们清楚自己的状况，保持自己的责任心——不去怪罪父母、爱人、儿女、政府、老板或是同事。他们勇敢地面对人生中遇到的问题，才能证明他们有带球的能力，足以带领整个球队。

不妨来看一看以下这些有责任心的人所展现出的品质。

1. 他们能完成工作

在佐治亚大学的汤姆·斯坦利博士（Dr.Thomas Stanley）对创业成功的百万富翁所做的研究中，这些创业者都体现出一种品质，那就是他们都十分努力工作。有人问一位百万富翁他为什么要每天工作12到14个小时。他回答："我在一家公司工作了15年才了解到社会中，像人们这样每天工作8个小时，就只能勉强维持生计。每天超出8个小时以外的工作时间就是为你的将来所做的投资。"没有人可以做得最少，同时又能发挥出最大的潜能。

那么该如何做到坚持到底呢？那就需要人们把自己当作自己的老板。如果你想取得更多成就，并在追随者中创造威信，那么就要接受这个想法，这样你就能在成功的路上越走越远。

2. 他们愿意多走一公里路

负责任的人从不说："那不是我的事儿。"他们愿意承担组织需要他们完成的任何事。如果你想要成功，那就把组织放在第一位，个人放在第二位。

3. 他们愿意追求卓越

卓越能够鼓舞人心。想要追求卓越，同时愿意努力工作来完成目标的人通常都具有责任心。当他们付出一切，内心会感到十分安宁。

成功学专家吉姆·朗恩（Jim Rohn）说过："压力来源于你没有尽全力。"把追求高标准作为你的目标，那么你自然就会产生责任感。

4. 他们能够不受环境限制

具有责任感的人最好的一个品质就是他们能够实现目标。《开创生路》（*An Open Road*）一书中，理查德·埃文斯（Richard L.Evans）这样写道："找到一个有责任心、能完成目标，并且注意每一个细节的人，就像是找到无价之宝。你会明白他们一旦接受任务，就会认真地、有成效地完成任务。"如果你想要成为一名领导者，就要用行动说话。

自我反思：你的责任感如何

吉尔伯特·阿兰（Gilbert Arland）曾经提出这样的建议："当一个弓箭手没有命中目标，他就会转身，反思问题所在。"没有命中靶心，不能怪靶心。想要提高命中率，就要先从自己做起。

在责任心这方面，你的"命中率"如何呢？在别人眼里，你是否总能完成任务呢？当情况危急的时候，人们的目光是否会投向你呢？你是否以追求卓越出名呢？如果你还没有发挥自己的最好水平，那你可能需要培养更强的责任心。

提升责任感的"处方"

要提高责任感，你可以尝试做到以下几点。

1. 坚持到底

有时候面对困难，无法取得成功，是因为你的毅力的问题。如果下次发现自己要错过最后期限、失去一笔买卖，或是计划没能通过的时候，可以停下来想一想应该怎么补救。不要受常规约束，你可以一夜不睡去努力争取吗？你可以请一位同事来帮忙吗？你可以雇一个人或是找一个自愿帮忙的人吗？创意有时可以给生活中带来责任感。

2. 提高标准

如果你表现不够好，说不定是因为你已经降低了自己的标准。回顾一下自己的生活，看看自己在哪些方面随便敷衍，然后制定一个更高的标准。这样有助于你提高自己追求卓越的门槛。

3. 工欲善其事，必先利其器

如果你发现自己的标准已经足够高，你的心态足够好，而且你也一直坚持努力工作，但是还是无法取得你想要的成就，那么有可能你需要换一套新的装备了。可以通过进修、阅读书籍等方式来提升技能，也可以找一位前辈导师来帮助你。尽力在你的领域做得更好。

找借口不是好办法

加利福尼亚州有一位犯人从布特县的监狱逃走了。后来再次被逮捕时，他向狱警解释道："我当时在练撑杆跳，没想到离墙太近就翻了出去。当我恢复意识的时候，我就一直跑，想找一条路回去。但是我对这个地方不熟悉，就迷了路。你们发现我的时候，我已经走了很远。"人们很少想过自己的借口有多么说不通，除非他听了别人说的借口。

第十七章

安全感：不安是能力永远无法掩盖的 Security

如果你依赖成性，就无法成为领导者。

——约翰·C.马克斯维尔

如果有人只想着自己成功，或是把成功都归功于自己，那么他就永远无法成为伟大的领导者。

——安德鲁·卡耐基，实业家

钢铁般的安全感和意志力

在美国总统里根任期内的一次七国首脑会议（G7）上，领导者们齐聚白宫，商讨经济政策。里根回忆了会议上的一段插曲。当时加拿大首相皮埃尔·特鲁多（Pierre Trudeau）强烈谴责英国首相撒切尔夫人（Margaret Thatcher），声称撒切尔夫人的政策将满盘皆输。撒切尔夫人当时就昂首站在特鲁多面前，听他把话说完，然后径直转身离开。

这起冲突之后，里根找到撒切尔夫人，对她说："玛姬，他不能这样和你说话，真是太离谱了。你怎么能忍受他这样对你呢？"

撒切尔夫人看着里根，回答道："女人必须懂得，有时候男人也会耍小孩子脾气。"

这个故事体现了撒切尔夫人的品质。她作为一位成功的世界领袖，必须要内心坚强，有强烈的安全感。对于一个女性领袖就更是如此。

撒切尔夫人一生中一直逆流而上。她在牛津大学主修化学，而这个领域基本上由男性统领。她在校时便成为了牛津大学保守党协会的第一任女主席。几年后，她成为了一位税务方面的律师。

1959年，撒切尔夫人进入政治圈。这个领域也是由男性主导，但她仍然经由选举跻身议员之列。由于撒切尔夫人擅长分析，观点清晰，并且面对压力也从容不迫，她常常被她的党派要求参加公共政策辩论。她的从政技巧及信念或许受其父亲影响，她的父亲曾经告诉她："你不必盲从，要有自己的主见。"

她坚定的决心与出色的能力为她赢得了几个政府的职位。在她担任英国教育与科技部长期间，她被称为"英国最不受欢迎的女人"。但是撒切尔夫人在批评面前没有动摇，她继续努力工作，最终赢得了人们的尊重。随后她成为了英国历史上第一位女首相。

在首相任内，撒切尔夫人继续面对批评。她受到许多谩骂，原因包括她的国有企业私有化政策、立法削弱工会角色、出兵进攻福克兰群岛以及对前苏联保持保守政策等等。无论她受到多么严厉的批评，她总能对自己的信念与自尊保持安全感。她曾经说过："对我而言，追求攻势就像是要放弃信仰、原则、价值观以及自己的政策，而去寻求没有人相信的东西……历史上的伟大事业，有哪个是在'我坚守共识'的标语之下完成的？"

撒切尔夫人一生都在其领导能力上坚定信念。因此，她被世人称为"铁娘子"，而"铁娘子"也连续三次赢得大选，连任三届英国首相。在英国现代史中，她是唯一一位完成这样壮举的领导者。

什么才是安全感

撒切尔夫人对自己以及自己的信念坚定不移，因此她在担任领导人的过程中也始终充满自我安全感，而这也是所有伟大领袖都拥有的品质。

没有人可以活在与自我评价不一致的情况下，这一点从你周围的人身上不难观察到。如果有人自视为失败者，那么他往往就会自己找到一条失败之路。任何时候，只要他的成就超过了他的安全感，那么他终将走向自我毁灭。这不仅仅对追随者来说如此，对于领导者来说也是如此。

缺乏安全感的领导者往往十分危险，对他们自己、对追随者以及对他们所在的组织都是如此。因为领导者在领导岗位上，往往会将其个人的瑕疵放大。所以无论你的生活中有什么负面的包袱，它总会在你要领导他人的时候，变得更加难以承受。

缺乏安全感的领导者往往具有以下共同特征。

1. 他们无法向他人提供安全感

有一句老话:"你无法把你所不具备的东西给别人。"就好像缺乏技巧的人无法传授技巧给他人,缺乏安全感的人也无法让别人觉得充满安全感。一个人如果想要成为卓有成效的领导者,想要让人们渴望追随其左右,他就需要让他的追随者觉得有安全感。

2. 接受多于给予

缺乏安全感的人一直在寻找别人的认可、肯定与关爱。因为如此,他们始终在寻求安全感而非给予他人安全感。他们是索取者而非给予者,而索取者往往无法成为优秀的领导者。

3. 他们一直压制优秀的属下

一个缺乏安全感的领导者往往无法真心地去为其属下的成功而庆贺。他甚至会阻止他们取得胜利,或是将团队的成就归功于自己。在《领导力21法则》一书中,有一条:唯有具备安全感的领导者才会授权他人的"授权法则"。但是缺乏安全感的领导者往往将权力藏起来。事实上,他的属下越是优秀,他就会感到越大的威胁,他就会越多地去压制属下的成就,越不会去肯定属下。

4. 他们一直压制其组织的潜力

当追随者被削弱，无法得到肯定，他们就会灰心丧气，甚至不再发挥自身的潜力。如果到了这一步，遭殃的是整个组织。

相反，具有安全感的领导者因为其相信自己，也能够信任他人。他们从不傲慢自大；他们知道自己的长处与不足，也更加懂得自我尊重。当他们的属下表现出色，他们也不会觉得受到威胁。他们会想尽办法寻求良才，培养属下，让他们有最好的表现。当一个具有安全感的领导者的团队成功的时候，他会欢欣鼓舞。他把这看作对他领导力最高的肯定。

自我反思：你是否缺乏安全感

你有多了解自己、多尊重自己？你了解自己的长处，并且对它们满意吗？你承认自己的不足并且接受其中的一些无法改变吗？当一个人明白自己生来具有某种独特的个性与天赋时，他就更能肯定他人的长处与成就了。

作为一名领导者，你的安全感有多强？当你的属下有了一个好创意时，你是会支持他，还是会压制他？你是否会为属下的成就而庆贺呢？当你的团队取得成功时候，你是否将这归功于你的团队成员呢？如果答案是否定的话，那么你可能正面临安全感不足的状况，这会限制你自己、你的团队以及你的组织的发展。

增加安全感的"处方"

要提高你的安全感，你可以尝试做到以下几点。

1. 重新认识你自己

如果你是那种天生就不了解自己的人，那么就请你花些时间来了解自己。可以做一份性格分析测试，就像迈尔斯-布里格斯（Myers-Briggs Type Indicat or MBTI）或佛罗伦斯·妮蒂雅（Florence Littauer）所设计的那种测试。问问几位比较了解你的人，请他们指出你的三个长处以及三点不足。当听到他们的答案时，不要为自己辩解；把这些信息搜集起来，好好想一想。

2. 把功劳归功于他人

你把团队的成功归功于他人，你会取得更大的成功，这一点你可能无法理解。但你不妨直接试一试。如果你能够帮助团队成员，并且承认他们的贡献，这会对他们职业生涯大有裨益，会提升他们的士气，并且推动组织进步。这也会让你看上去更像一位卓有成效的领导者。

3.寻找外援

如果你无法凭借自身力量克服缺乏安全感的问题，那么可以找专业人士帮忙。寻求一位优秀的咨询师，找到问题的根源，这不仅将给你自己带来好处，也会使你的团队成员受益。

别再迟疑

　　法国大文豪、著名小说家巴尔扎克（Honoré de Balzac）对人性有着敏锐的嗅觉。在他的旷世巨作《人间喜剧》（la Comédie Humaine）中，他尝试着去展现现代文明的全貌。他曾经写道："如果你无法坦然面对自己，那么这就是你与任何人建立良好关系的最大阻碍了。"请不要因为你缺乏安全感而无法完全发挥自身潜能！

第十八章

自律：做领导者之前，先学会自律
Self-Discipline

第一场，而且是最重要的一场胜利，就是战胜自己。

——柏拉图，哲学家

一个人如果没有果断的品质，他就永远不能成为一个独立的人……他不过是一个任由环境摆布的玩偶。

——约翰·福斯特，作家

登峰造极的成就源于自律

前往巅峰的路终将坎坷。没有几个人可以在自己的领域里被奉作翘楚，成为"被公认为有史以来最出色"的人就更是少之又少，而杰瑞·莱斯（Jerry Rice）做到了。他被公认为橄榄球接球前卫中的"历史第一人"，他的多项记录便是最好的佐证。

了解莱斯的人都会说他生来就是打橄榄球的料：他具有惊人的身体素质，他身上拥有每位教练对接球员所期待的一切条件。名人堂明星教练比尔·沃什（Bill Walsh）说过："我觉得世界上没有人的身体素质能比得上杰瑞·莱斯。"但是，仅仅是这一点并不足以让他取得成功。他成功的真正秘诀在于他的自律。他不停训练，夜以继日，职业橄榄球中还没有人能像他这样自律。

莱斯自律的能力，可从他征服高山的传奇故事看出来。故事开始于他的高中时代。当时，每次训练结束，摩尔高中的教练查尔斯·戴维斯（Charles Davis）都规定队员向一座40码高的山丘来回冲刺20次。在密西西比州炎热潮湿的天气下，莱斯在完成第11次冲刺时准备放弃。但当他溜回球员更衣室的时候，他意识到了他的所作所为不能说服他自己。"不能放弃，"他告诉自己，"因为一旦习惯了放弃，你就会觉得放弃是理所应当的。"于是他回去继续训练，完成了冲刺跑，自此以后，他从未半途而废。

成为职业球员之后，莱斯又征服了一座山丘，并以此闻名。那是一条崎岖的山径，位于加利福尼亚州的圣卡洛斯，全程2.5英里。莱斯每天都在这里锻炼。有一些橄榄球星也来这里训练，但是没有人能追得上他，他们纷纷惊讶于莱斯惊人的耐力。但这仅仅是莱斯每天训练计划中的一部分。在赛季结束的时候，当别的球员都去钓鱼或是度假时，莱斯还在锻炼，他每天的锻炼计划从7点开始，直至中午。有人曾经开玩笑说："他的身体锻炼到如此完美，就连性感女星在他面前也会黯然失色。"

"许多人所无法了解的事情是，杰瑞把橄榄球看作每一天的事情。"美国职业橄榄球联盟的明星侧卫凯文·史密斯（Kevin Smith）如此说道，"他的确天赋异禀，但是他依旧不停锻炼。这就是好球员与伟大球员的区别。"

后来，莱斯又在其职业生涯中爬上新的高峰：从重伤中恢复，并回归赛场。在此之前，他已经创下19个赛季从未缺席一场比赛的记录，这也证明了他自律的品质和非凡的毅力。1997年8月31日，他膝盖受伤，人们认为他将无法参加接下来这个赛季的比赛。毕竟，历史上只有一位球员经历这种伤病在赛季中还能重返赛场，这人就是罗德·伍德森（Rod Woodson），伍德森花费了四个半月的时间康复。而莱斯咬牙坚持，凭借超人的自律，只用了三个月就康复了。这样的康复速度前无古人，恐怕也后无来者。莱斯再次回到赛场，不断创造纪录，建立声望，帮助球队取得一场又一场的胜利。

什么才是自律

　　杰瑞·莱斯可以说是自律的最好明证。离开了自律，没有人能够取得成功或保持成功。无论领导者拥有多高的天赋，离开了自律，他的天赋就无法发挥到极致。自律，让领导者不断攀登高峰，也是不断维持领导力的关键所在。

　　如果你想要让自律成为你作为领导者的财富，那么以下几点可供参考。

1. 定出做事的先后顺序，并执行下去

　　如果一个人做事情只看心情，或是只图方便，那么他永远不会成功；人们也不会尊重他、追随他。有人曾经说过："要完成重要的任务，两件事是必备的：一是计划，二是不太够用的时间。"作为一名领导者，你的时间通常比较紧张。现在你所需要的就是一个计划。如果你决定了何者最为重要，并能够从其他事情中抽身，那么你就能更

有精力去完成重要的任务。这就是自律的精髓所在。

2. 把自律的生活当作你的目标

向高度自律的人学习，比如杰瑞·莱斯，你会发现想要成功，自律就不能是一时兴起，而是要把它当作一种生活方式。

培养自律的最好方式之一就是制定一套系统性的计划，特别是要针对那些长期成长以及争取成功所需的领域。例如，因为我长期以来从事写作与演讲，所以我要每天阅读材料，并将其存档，以便日后所用。还有，我在1998年12月时心脏病发作，自那以后我就坚持每天上午锻炼。这不是三分钟热度，而是在我有生之年会一直坚持做的事情。

3. 向你的借口挑战

如果想要培养自律的生活方式，那么你的第一项任务就是要挑战并改正爱找借口的习惯。正如法国古典作家弗朗科西斯·拉·罗什富科（François de La Rochefoucauld）所言："我们所犯的错误中，几乎都比试图掩饰错误的方法，更值得原谅。"如果你有几个无法自律的原因，那么你要明白它们只不过是一堆借口。如果你想要成为更出色的领导者，那么你就要向这些借口发起挑战。

4. 在完成工作前，先把奖励挪开

作家麦克·狄朗尼（Mike Delaney）曾经说过一句睿智的话：
"任何一个企业或行业，如果给予游手好闲的人和兢兢业业的人同样
的待遇，那么就会发现前者会越来越多。"如果你缺乏自律，那么你
可能就会成为把甜点放在正餐之前享用的那种人。

下面是一则小故事，说明了"抑制法"所带来的力量：一对老夫
妇来到露营区扎营，而另一家人随后驻扎到了旁边的营地。当这家人
的车停下时，就会看见一对夫妻和三个孩子下了车。一个孩子迅速搬
下冰柜、背包以及其他东西，而另外两个孩子马上搭起帐篷。只花了
15分钟营地便布置好了。

老夫妇看到这番景象不禁为之一惊。"你们家一起露营还真是有
效率啊。"老先生钦佩地和隔壁的爸爸说道。"其实只需要一个规
定，"爸爸回答道，"营地搭好之前，没人可以去上洗手间。"

5. 关注结果

无论什么时候，只要你关注工作本身，而不是结果与奖励，你就
会变得灰心丧气。如果这种情况持续太久，就会变得自怨自艾而非自
律。下次当你面对不得不做的任务，而你想要走捷径而不是付出时间
精力去做的话，那么你就要试着改变一下你所关注的东西。权衡一
下，看看什么才是该做的事情，然后专心致志去做好它。

自我反思：你是否足够自律

　　作家杰克森·布朗曾经有过这样的比喻："缺少了自律的才华就像穿上溜冰鞋的八爪鱼。即使保持行进，但是却不知道是在往前、往后还是横向行进。"如果你有才华，有很多工作要做，但是却没有取得很多成果，那么你就可能是缺少自律。

　　可以回头看看上周的安排。你花了多少时间在规律性的活动上呢？你是否尝试提高自身的能力呢？你是否有做运动来锻炼身体呢？你是否把收入中的一部分存起来或是用于投资呢？

　　如果这些问题的答案都是否定的，而且你又在告诉自己这些事情以后再做也不迟，那么你或许需要作出一些努力来提高自律了。

让你拥有自律的"处方"

要提高自律，就请尝试做到以下几点。

1. 制定出做事的先后顺序

思考一下对你来说最重要的两三个领域。把它们写下来，再写下你能够以自律来培养的具体做法。制定一个计划，让这些有规律的事情成为你每天或是每周都要做的事情。

2. 列出理由

花点时间把上述有规律的事情所能带来的好处列出来。将这些好处贴到你每天都能看到的地方。当你想要放弃的时候，就重新读一下这张单子。

3. 摆脱借口

　　写下每个有可能让你中途放弃的借口。把它们念出来。你需要让这些借口不成为借口。如果其中一两个借口看上去貌似合理，那就想办法克服这些借口。不要让你有任何理由半途而废。记住，只有你成为一个自律的人，你才有能力实现梦想。

趁早培养自律

在加拿大有一处森林苗圃的墙上贴着这样一句话："种下一棵树的最好时机是25年前，其次就是今天。"

今天，就让我们种下这棵自律之树吧！

第十九章

仆人精神：欲站人前，先居人后
Servant Hood

真正的领导者往往就是服务者，他们善于服务他人。即便有的时候不受欢迎，他们也会坚持服务于他人的利益。因为真正的领袖是被激情而非个人荣誉所驱使，所以他们愿意付出代价来服务、成全他人。

——尤金·哈贝克，作家

你必须爱你的属下胜过爱你的地位。

——约翰·C.马克斯维尔

临危不惧的领袖

前些时候，美国民众开始关注陆军上将施瓦茨科普夫（General H.Norman Schwarzkopf）这个人。他在海湾战争中成功指挥联合国军队体现了非凡的领导力，这也是他在西点军校中培养出的一项的优秀品质。

在我撰写的《领导力21法则》一书中，我曾经写到过他在越战中如何把一个军心涣散的营队带成一支虎狼之师。第六步兵团第一营当时被公认为"六团最差营"，但却因为施瓦茨科普夫的努力，而将人们口中的笑柄变为一支战斗力极强的部队。他们被上级派遣完成一项极其艰难的任务，这项任务被施瓦茨科普夫称作"恐怖恶毒之地"的巴丹半岛。这个地方三十年来一直战乱不断，地雷陷阱遍布四处。每周都会有许多人因此丧命。

施瓦茨科普夫决定要扭转战局。他卓有成效的流程处理迅速减少伤亡，并且每当有士兵踩到地雷受伤时，他一定会马上飞去营救伤员，用直升飞机把伤员救出，并且和伤员谈话，振奋士气。

1970年5月28日，一位士兵因踩到地雷受伤，而施瓦茨科普夫立马飞去现场。当直升机要把伤员救走的时候，另外一名士兵又踩到地雷，腿部严重炸伤。这名士兵痛得满地打滚，惊叫哀号。这时人们意识到第一个地雷不是一个单独的陷阱，他们站在了一片雷区之中。

施瓦茨科普夫认为第二个受伤的士兵可以存活下来，甚至可以保住那条腿，但是前提是他必须停止打滚。这时，施瓦茨科普夫只有一个办法，那就是他亲自去把那个人制服。施瓦茨科普夫在回忆录中写道：

> 我开始走进雷区，一步一步慢慢走，眼睛盯着地面，看着地面上有没有尖角或土包。我的膝盖不停颤抖，甚至我每迈一步，都要用我的双手去稳住大腿……感觉好像走了一千年才走到那孩子旁边。

施瓦茨科普夫是个240磅的壮汉，在西点军校的时候是个摔跤选手，他迅速抱住那个士兵，让他冷静下来。这样这个士兵算是被救了下来，在工程队的帮助之下，施瓦茨科普夫把所有人都救出了雷区。

施瓦茨科普夫那天展现出的品质可以说是一种英雄举动，是勇气使然，甚至也可以说莽撞冲动。但我觉得"仆人精神"这四字最为恰当。在5月的那天，让他成为一个卓有成效的领导者的唯一办法就是将士兵从鬼门关前拯救出来。

什么才是仆人精神

当你看到"仆人"二字的时候，你是否联想到那些技能平庸、处在社会底层的人？如果你是这么想的话，那么你就想错了。所谓仆人精神，不是一种地位或是技能，它关乎态度。你肯定在生活中遇到态度不好的服务人员：比如政府机关态度恶劣的公务员、餐馆里不理不睬的服务员、商店里打电话而顾不上招呼客人的店员。

你可以看出一个店员不乐意帮助顾客，同样地，你也可以轻易判断领导者是否拥有仆人精神。事实上，最好的领导者都希望服务他人，而不是服务自己。

怎么做才是让仆人精神具体化呢？一个真正拥有仆人精神的领导者应该具备以下几个品质。

1. 优先考虑他人

仆人精神的第一个标志就是具有"把别人放在自己以及个人欲望之上"的能力。这不仅仅是要愿意把个人的事情放在一边，还意味着你要有意地去了解属下的需要，时刻准备帮助他们，并且重视他们的需要。

2. 具有服务他人的自信

仆人精神的核心是安全感。如果有人认为自己是个大人物，不能服务别人，那么可以说他是缺乏安全感的人。我们如何对待他人实际上折射出我们对自己的看法。哲学家、诗人艾瑞克·霍夫（Eric Hoffer）也表达过这种想法：

> 令人惊讶的是，我们爱我们的邻居就如同我们爱自己一般；我们待人如待己；我们恨自己的时候也恨别人；我们能宽容自己的时候，也能宽容别人；我们能原谅自己的时候，也能原谅别人。世界上的乱象，归根结底，不是因为人们爱自己，而是因为人们恨自己。

"授权法则"说道：只有具有安全感的领导者才会授权他人。同样地，也只有具有安全感的领导者才会展现出仆人精神。

3. 主动服务他人

几乎所有人在被迫的条件下都会去服务他人。有的人在危机之中也会服务他人。但是，只有在那些主动服务他人的人身上才会看到一颗善良的心。伟大的领导者能看见需要，抓准时机，不求回报地服务他人。

4. 不在乎地位高低

具有仆人精神的领导者并不关心被帮助者的地位高低。当施瓦茨科普夫将军踏入那片雷区的时候，军衔对他而言已无关紧要。他是一个主动帮助他人的人，一名领导者的地位给他带来的是更强的责任感，让他去服务他人。

5. 本着爱心去他人

仆人精神并不是源于控制欲或是自吹自擂。它源于爱心。最后，你将发现你的影响力大小取决于你有多么真心关心他人。这就是为什么对于领导者来说，愿意服务他人是多么重要。

自我反思：你能服务于他人吗

提到服务他人，你是怎么想的？你渴望成为领导者是否为了丰厚的待遇与利益，或是服务他人的想法使然？

如果你真的想成为那种他人愿意追随的领导者，那么你就需要解决仆人精神这个问题。如果你希望被人服务而非服务他人，那么你就麻烦了。如果仆人精神这方面你有困扰，那么你可以听听以下的建议：

停止使唤他人，开始倾听他们。

停止为了升职蝇营狗苟，开始为了他人的利益而冒险。

停止寻觅自己的提升道路，而开始服务他人。

事实上，凡是想干一番大事的人就要成为最卑微的人，成为众人的仆人。

让自己拥有仆人精神的"处方"

要提高自己的仆人精神，就要做到以下几点。

1. 从小事做起

你上次为了帮助他人而做一些琐碎的小事是什么时候的事情了？可以先从自己最亲近的人开始，比如你的爱人、孩子、父母。不妨今天就找一些小事来做，来体现你开始关心他人。

2. 学习放慢脚步

我年轻的时候学到的最重要的一堂领导力的课就来自我的父亲。我称其为"慢慢走过人群"。下次你要与客户、同事或员工会面的时候，可以定一个目标：在人群中穿梭，和他们交谈，争取多接触。关注每一个你的谈话对象。如果你不知道对方的名字，需要记下来。做个计划，去了解每个人的需要与渴望。当你回家的时候，记下来你能为他们服务的具体事情，至少要有六个人以上。

3. 开始行动

如果你的生命中没有一丁点儿仆人精神，那么改变状况的最好方法就是开始服务行动。可以从外在的事情开始行动，而后你就会在思想上就想要服务他人。可以申请参加你的教堂、社区机构或是志愿者服务组织所组织的六个月以上的服务活动。如果你的心态在活动结束的时候还是不够好，那么就再做一次，直至你的心态真正改变。

助人为快乐之本

艾伯特·史怀哲（Albert Schweitzer）曾经说过一句睿智的话："我不知道你的命运将会如何，但是我知道一件事情：你们之中有人将因为找到服务他人的办法而十分快乐。"如果你想达到服务他人的最高境界，那么就放下身段，去服务他人吧。

第二十章

求知欲：领导到老，学习到老
Teach Ability

如果你花在倾听和阅读上的时间要比你说话的时间多出十倍，那么这种态度会确保你持续学习与成长。

——杰拉德·麦克吉尼斯，伟康公司总裁兼CEO

如果你能认识到学习的宝贵之处，那么就是你的最大的收获。

——约翰·伍登，美国篮球名人堂明星教练

虚心接受教育

如果你在电视上看到一个小个子，留着小胡子，手拿着拐杖，穿着宽松的裤子、大大的皮鞋，戴着圆顶窄边礼帽，你可能马上就会知道他的身份——查理·卓别林（Charlie Chaplin）。1910到1920年代，他是全世界最著名的人，可谓无人不知无人不晓。如果我们拿当下的名人来作比较，大概也只有迈克尔·乔丹的受欢迎程度和卓别林能相提并论。如果要比较他们两个人，那么我们还得再等75年，看看那时还有多少人记得乔丹。

卓别林出生的时候，没有人会想到他在日后能有如此大的名气——卓别林的父亲是一位贫穷的英国乐师，在卓别林很小的时候，母亲就被送到了精神病院，所以卓别林常常流落街头。那几年里，卓别林辗转在收留所和孤儿院之间，为了谋生，他开始登台演出。就这样，在17岁的时候，他就已经成了一个"老演员"了。1914年，在他二十几岁的时候，他来到好莱坞的奇东影城（Keystone Studios）工作，每周能领到150美元的薪水。在他接触电影的头一年里，他参与了35部电影的工作，担任过演员、编剧及导演。每个认识他的人都肯定了他的才华，而他的受欢迎程度也不断攀升。一年之后，他一周便可以挣到1250美元。在1918年，他干了一件惊天动地的大事：他和一家电影公司签下了电影历史上第一份价值百万的合同。当时的卓别林名利双收，又是世界上最具影响力的制片人，而他只有29岁。

卓别林之所以能取得成功，很大程度上归功于他出色的才华以及惊人的干劲。但是这些特质的动力都来源于他的求知欲。他一直努力成长、学习、磨炼自己的表演技巧，甚至当他成为世界上最知名、收入最高的演员时，他还是不安于现状。

卓别林在接受采访的时候，也曾经谈到过他对不断进步的渴望：

> 有时候，我会坐在观众之中看自己所拍摄的影片，我总是会关注他们笑不起来的内容。比如说，如果有几位观众对我所设计的笑点无动于衷，我就会开始分析是不是这个点子不够有趣，还是我没有把这个点子表达清楚。如果我在观众中听到有人在看到并不是我设计的笑点的地方发出笑声，那么我也会去思考为什么这会让观众发笑。

这种想要不断成长的念头不仅让他的收入不断增加，而且也让他所做的每件事都趋于完美。卓别林早期的作品被认为是完美的娱乐作品。而随着时间的流逝，他成为了公认的喜剧天才。时至今日，他的许多电影仍被看作是经典之作，而他也成为了历史上最伟大的电影制片人之一。著名编剧与影评人詹姆斯·艾吉（James Agee）曾经这样评论道："在卓别林的作品中，你可以看到最好的哑剧表演，最深邃的情感以及最丰富、最尖锐的诗意。"

　　如果卓别林在成功之后放弃了虚心好学的品质，而是变得傲慢自满，那么他的名字就只能停留在福特·斯特林（Ford Sterling）或是本·多宾（Ben Turpin）这样的层次，这些人在无声电影时代是巨星，但放在今天却被世人遗忘。但是卓别林一直保持进步，在演员、导演以及制片方面不断学习，不断进步。当他了解到制片人的工作是受到电影公司以及经销商控制的时候，他便和格拉斯·费尔班克斯（Douglas Faiebanks）、玛丽·毕克馥（Mary Pickford）、大卫·格里菲斯（D.W.Griffith）等几位当时著名的影星开创了"联美电影公司"（United Artists），这家电影公司至今仍活跃于娱乐圈。

什么才是求知欲

领导者常常会面临安于现状的危险。毕竟，当一位领导者拥有比较大的影响力、受人尊敬时，他又何苦要保持进步呢？答案很简单：

你的成长决定了你这个人。

你这个人决定了你能吸引的人。

你所吸引的人决定了你的组织的成败。

如果你希望自己的组织不断进步，那么你就要虚心好学。

请允许我给你五条建议，它们能帮助你培养并保持一颗充满求知欲的心。

1. 治愈你的"终点病"

具有讽刺意味的是，缺乏好学之心往往源于已取得的成功。一些人错误地认为他们取得了某个目标就不需要再成长了。这种情况会出现在任何事情上：获得学位、升职、获得某个奖项或是赚了一笔钱。

但是卓有成效的领导者不能这么想。他们停止进步的那一天，也就是他们放弃挖掘自身以及组织潜能的一天。请记住麦当劳公司创始人雷·克拉克（Ray Kroc）的话："只要你身上还能看得见青绿色，你就还在成长。一旦你成熟了，你就开始腐朽了。"

2. 超越成功

另一个关于求知欲的讽刺的事情是：反过来，成功也会阻碍求知欲。卓有成效的领导者明白，帮助他们取得成功的力量，不能保证他们将来也一直取得成功。如果你在过去取得过成功，那么你就要注意这一点了。而且你需要想想看：如果昨日的成就现在对你来说还值得沾沾自喜，那么你今天就还离成就很远。

3. 拒绝走捷径

我的朋友南希·多南（Nancy Dornan）说过："其实两点之间'最长'的距离是捷径。"这话一点也不假。生命中每个有价值的东西都是需要付出代价来换取的。如果你想要在某一个领域保持进步，那么就要想想所需要付出的东西，包括代价，然后下决心去付诸行动。

4. 放下骄傲

求知欲要求我们承认我们并非无所不知，当然这种姿态有时候让我们看上去并不那么光彩。而且，如果我们保持学习，我们就会一直犯错误。但是，正如作家阿尔伯特·哈伯德（Elbert Hubbard）所言："一个人所能犯的最大错误就是一直害怕自己犯错。"一个人不可能既高傲又好学。爱默生（Ralph Emerson）曾写道："如有所得，必有所失。"所以，如果你想要成长，那就要放下骄傲。

5. 不要犯同样的错误

西奥多·罗斯福总统曾经断言过："从不犯错的人，也从不会进步。"这一点没错。但是一直犯同样错误的领导者同样不会取得进步。作为一个虚心好学的领导者，肯定会犯这样或那样的错误。你需要忘却这些错误，但要记住从错误中吸取教训。如果你不这么做的话，那么你还会在这上面栽跟头。

自我反思：你是否拥有求知欲

我小时候在俄亥俄州的农场里长大，有一次我看到一个农耕用品店上写着这样一句标语："如果你不满意你的收成，那就先看看你播下的种子。"虽然这只是一个种子广告，但是却有其深意。

你现在种下的是什么样的种子呢？你的生活以及领导能力是否越来越好呢？还是说你只是一直疲于守住阵地呢？如果你现在还没有达到你所期望的目标，也许是因为你的求知欲还不够。你上一次尝试新事物是什么时候？你上一次放下身段，去做一些你不在行的事情是什么时候？接下去几天或是几个星期，用心观察自己对于成长和学习的态度，你就会明白你虚心好学的程度了。

提升求知欲的"处方"

要提升好学之心，就要做到以下几点。

1. 观察自己面对错误的方法

你是否勇于承认错误呢？你是在恰当的时候主动道歉呢，还是说你常常为自己辩解？观察一下自己，然后找一个值得信赖的朋友问一问。如果你对于错误的态度不太好，或者你一直在逃避犯错，那么你就真的需要在虚心好学这方面下一番工夫了。

2. 勇于尝试新事物

今天就开始尝试一些不一样的东西，尝试那些能够让你在精神上或身体上兴奋的事情。接受挑战往往能让我们不断成长。如果你想要成长进步，那么就把接受挑战当作生活中的一部分吧。

3. 发挥长处

　　一年里读上六到十二本关于领导力或是专业领域的书籍。在你所擅长的领域里不断学习可以让你避免停滞不前，或骄傲自满。

原地不动会毫无进步

在塔夫·海德曼（Tuff Hedeman）获得个人第三个骑牛世界冠军头衔之后，他并没有举行盛大的庆祝。他前往丹佛开始新的赛季，而一个赛季就这样又开始了。他对此的说法是："公牛才不管我上周做了什么。"无论你是个菜鸟还是老手，只要你想在明天取得冠军，你今天就都要虚心学习。

第二十一章

远见：目光所及之处，方是收获之所
Vision

一个伟大的领导者完成目标的勇气，来自于他内心的激情，而非地位。

——约翰·C.马克斯维尔

未来是属于那些在机遇出现之前就预言其到来的人。

——约翰·斯卡雷，百事可乐公司前总裁及苹果公司前CEO

不再有脱落的油漆，每一头木马都尽情跃动

要论及20世纪最伟大的梦想家，沃尔特·迪士尼（Walt Disney）绝对算得上一位。能够制作出世界上第一部有声卡通、第一部彩色卡通和第一部卡通电影的人一定有着十足的远见。但是沃尔特凭借其远见所创造的最伟大的杰作是迪士尼乐园和迪士尼世界。这两个闻名世界的主题公园，其伟大灵感的来源，却让人意想不到。

当沃尔特的两个女儿还很小的时候，他常常在星期六的上午带她们去洛杉矶的游乐场玩。他的女儿很喜欢那个游乐场，他自己也是。游乐场是孩子们的天堂，洋溢着欢乐的气氛，空气中飘着爆米花和棉花糖的香味，彩色的广告牌不停闪烁，过山车俯冲而下时传来孩子们的尖叫声。

有一次，沃尔特被旋转木马所吸引。他靠近旋转木马，发现旋转木马随着动感的音乐闪耀着五颜六色的光芒。但是当他再靠近的时候，木马停了下来，他发现他的眼睛被骗了，所有的木马都已经摇摇晃晃，松垮破损，油漆脱落。他还注意到只有外围的木马会上下摇

动。里面的木马都被钉在地板上，呆呆地站着，一动也不能动。

　　这一幕让这位卡通画家失望不已，从而激起了他的一个伟大梦想。在他心中描绘出了一个游乐场的蓝图，在这座游乐场里，美梦不再破灭，孩子和大人都可以一起享受嘉年华一样的氛围，永远与巡回表演的马戏团或是嘉年华离开时所带来的失望说再见。他的梦想之后成为了迪士尼乐园。正如拉里·泰勒（Larry Taylor）在书中所述，沃特的眼界可以被归纳为："不再有脱落的油漆，每一头木马都尽情跃动。"

远见塑造领袖的心

远见是领导者的一切。它是绝对不可或缺的，为什么呢？因为远见是领导者的"领导者"，它能够向领导者描绘蓝图；它点燃领导者内心的星星之火，并为其提供动力，推动其不断向前；它还可以点燃追随者内心的火焰。如果领导者缺乏远见，那么他很难走远，最多是原地打转。

想要拥有远见，并让远见成为领导者生活中的一部分，就要理解以下几件事情。

1. 远见源于内心

当我在主持研讨会的时候，有人偶尔会请我给他的组织提出一个目标远见。但是这件事我实在做不到。远见这东西是无法购买、乞求或借来的，它来源于每个人的内心。对于沃尔特·迪士尼来说，远见从来就不是个问题。他的创造力以及对卓越的渴望让他总能发现什么事情可以办得到。

如果你缺乏远见，那就从你的内心开始审视，从你的天赋和欲望出发。如果你的内心正在呼唤你，那么就朝这个方向出发。如果你还是没有自己的远见的话，那么可以找一个具有远见并且能够和你产生共鸣的人，努力成为他的伙伴。沃尔特·迪士尼的兄弟罗伊（Roy）就扮演了这样的角色。他是一个出色的商人以及能够完成事业的领导者。而沃特是提供远见的人。他们在一起成为了最佳搭档。

2. 远见来自你的过去

远见并非某些人认为的凭空而来的神秘品质。它来源于领导者及其周围的人过去的经历。这是沃尔特·迪士尼的故事，但是这对于所有领导者来说也都是如此。和其他的领导者谈话都会发现，他在过去所遇到的关键事件对于远见的形成是很有帮助的。

3. 远见能满足他人的需要

真正的远见影响深远，它超越个人所能完成的界限。但是如果它真的有价值，那就更能贡献给大众了，所以如果你的远见并不能服务于他人，那么它的范围就太小了。

4. 远见能帮助你搜集资源

　　远见最有价值的益处之一就是它像一块磁铁，能够吸引、挑动并联合人们。它还能够聚集资金和其他资源。远见越宏伟，越能够发挥赢家身上的潜能。远见越有挑战性，就越能激发挑战者为之第一次世界大战。宝丽来公司（Polaroid）的创始人埃德温·兰迪（Edwin Land）曾经说过："你要做的第一件事就是让人们明白你的远见十分重要，不可或缺。这样才能把胜利者的动力激发出来。"

自我反思：是什么阻碍了你的远见

远见从何而来？要找到对发挥领导力不可或缺的远见，你就要学会倾听。你必须倾听以下几种声音。

1. 内在的声音

正如我前面所说，远见源于内心。你知道你自己的人生使命吗？什么能够震撼你的心灵呢？你的梦想是什么呢？如果你生命中所追求的东西并非来源于你的内心深处，不是从个人本质或是个人信念出发，那么你就无法完成它。

2. 不满足的声音

伟大的灵感从何而来？这正是源于对缺陷的关注。不安于现状往往可以促成远见的形成。你是否正在沾沾自喜呢，还是说你发现你想要改变世界呢？历史上没有一位伟大的领导者是为了保持现状而奋斗的。

3. 成功的声音

没有人可以独自完成伟大的事业。想要完成伟大的事业，就需要一个优秀的团队。但是你还是需要一个前辈在你的领导之路上引导你。

如果你想要带领他人走向成功，那么就需要找一位前辈。你是否有这样一位导师来帮你找到敏锐的远见呢？

4. 更高的声音

虽然远见是源于内心的，但是你不能让远见受限于自己有限的能力。你可曾憧憬过未来，甚至让远见超越过此生，在永恒的时空里定位你的目标？如果没有的话，你可能错失了发挥个人真正潜能，以及领略人生精华的契机。

让你拥有远见的"处方"

要提升远见，就要做到以下几点。

1. 衡量你自己

如果你之前曾经考虑过你的人生愿景，并且将其细化，那么现在就来评判你完成了多少了。找几位重要的人，比如你的爱人、好友或是重要的员工，问问他们是否知道你的远见。如果他们可以说得出来，那么你就正在实现你的远见。

2. 写下来

如果你曾经思考过你的远见，但是从来没写下来，那么就在今天花点时间写出来。写下来的过程有助于你更加清楚你的想法。你一旦把你的远见写了下来，就要评估一下它是否值得你付出一切。如果答案是肯定的，那么就付出一切去实现它。

3. 做一个根本的测试

如果你在远见这方面还没有做足功课，那么在接下去的几周或几个月可以好好思考一番。想想有什么可以真正震撼你的心灵，什么可以让你痛哭流涕，什么可以让你产生梦想，什么能够给予你力量；还应该想想在你的周围有什么事情你很想去改变，什么事情你觉得有可能发生却尚未发生。

一旦你的想法逐渐清晰，就把它们写下来，找一位前辈导师谈一谈。

先有梦想，才能圆梦

从1923年到1955年，罗伯特·伍德拉夫（Robert Woodruff）开始担任可口可乐公司的总裁。在他的任内，他希望全世界的每位美国大兵花上五美分就可以喝到可口可乐。为了实现这个愿望，他可以付出任何成本代价。这是一个多么宏伟的目标！但是这和他心中更加宏伟的愿景比较，根本就谈不上"宏伟"二字了。他希望在他的有生之年，世界上每个人都尝过可口可乐。

当你进入内心深处寻找你的远见时，你看见了什么？

结语

我希望你在读这本《领导力21法则：如何培养领袖气质》的过程中能获得乐趣，并从每一章我所提出建议的小节中获得益处。这些建议的设计是为了帮助你熟悉每一种气质或品质，通过这些建议给你带来一生持续的个人成长。

我希望能鼓励你在领导力方面不断进步。希望你能按时复习本书，看看自己的进展。你也可以开发一套有规律的计划，坚持读书、看视频、参加研讨会来取得进步。

我也鼓励你能够找一些前辈导师来亲自帮助你。请保持进步，坚持领导力的学习，这是成为人们愿意追随的领导者的唯一途径。祝你成功！

激发个人成长

多年以来，千千万万有经验的读者，都会定期查看熊猫君家的最新书目，挑选满足自己成长需求的新书。

读客图书以"激发个人成长"为使命，在以下三个方面为您精选优质图书：

1. 精神成长

熊猫君家精彩绝伦的小说文库和人文类图书，帮助你成为永远充满梦想、勇气和爱的人！

2. 知识结构成长

熊猫君家的历史类、社科类图书，帮助你了解从宇宙诞生、文明演变直至今日世界之形成的方方面面。

3. 工作技能成长

熊猫君家的经管类、家教类图书，指引你更好地工作、更有效率地生活，减少人生中的烦恼。

每一本读客图书都轻松好读，精彩绝伦，充满无穷阅读乐趣！

认准读客熊猫

读客所有图书，在书脊、腰封、封底和前后勒口都有"**读客熊猫**"标志。

两步帮你快速找到读客图书

1. 找读客熊猫

2. 找黑白格子

马上扫二维码，关注"**熊猫君**"

和千万读者一起成长吧！

图书在版编目（CIP）数据

领导力21法则：如何培养领袖气质 /（美）约翰·
C.马克斯维尔著；施轶译. -- 上海：文汇出版社，
2017.4

ISBN 978-7-5496-2056-2

Ⅰ．①领… Ⅱ．①约… ②施… Ⅲ．①领导学 Ⅳ．
①C933

中国版本图书馆CIP数据核字（2017）第064874号

The 21 Indispensable Qualities of a Leader: Becoming the Person Others Will Want to Follow
by John C. Maxwell

Copyright ©1999 by John C. Maxwell

This Licensed Work published under license.

Simplified Chinese translation copyright 2016 by Dook Media Group Limited

This translation published by arrangement with Thomas Nelson Inc. Through The
Artemis Agency.

All rights reserved.

中文版权 © 2017 读客文化股份有限公司

经授权，读客文化股份有限公司拥有本书的中文（简体）版权

版权登记号 图字：09-2017-215

领导力21法则：如何培养领袖气质

作　　者 / 约翰·C.马克斯维尔

译　　者 / 施　轶

责任编辑 / 戴　铮

特约编辑 / 袁海红　姜一鸣

封面设计 / 陈艳丽　余晶晶

出版发行 / 文汇出版社

上海市威海路 755 号

（邮政编码 200041）

经　　销 / 全国新华书店

印刷装订 / 三河市龙大印装有限公司

版　　次 / 2017 年 5 月第 1 版

印　　次 / 2024 年 7 月第 17 次印刷

开　　本 / 710×1000mm　1/16

字　　数 / 130 千字

印　　张 / 17

ISBN 978-7-5496-2056-2

定　　价 / 38.00 元

侵权必究

装订质量问题，请致电010-87681002（免费更换，邮寄到付）